KB150901

마키아벨리즘의
오징어게임

강 자 생 존 의 처 세 론

마키아벨리즘의 오징어게임

빅토 비안코 지음 · 김진욱 옮김

국일미디어

힘 없는 약한 자의 소리는 허공을 향해 외치는 메아리일 뿐이다. 강한 자의 소리는 세상을 바꾸고 사람을 바꾼다.

당신의 인생은 당신 것인데 세상만 한탄하며 욕구불만과 불평 속에서 세월을 보내겠는가? 이왕 한 번 사는 세상이니 겁먹고 움츠러들지 말고 자신 있게 배짱을 가지고 인생의 목표를 향해 나아가라. 당신이 세상에 태어난 것도 수억의 경쟁자를 물리치고 승자가 된 결과다. 수단과 방법을 가리지 말고 최선을 다해 나아가고 도전하라. 그리고 승리하는 자가 되라.

방황하면서 그늘 속에서 한 세상 보내는 인생은 살아도 사는 것이라 할 수 없다. 살아도 죽은 것 같이 살 바에야 죽을 각오로 도전하여 인생의 승리자가 될 생각은 없는가?

누군가에게 이 책의 저자 빅토 비안코(Victor Bianco)의 메시지는 말도 안 된다고 생각될 수도 있을 것이다. 그는 악마적으로 공격적이어야 승자의 길이 보장된다고 강조하고 있기 때문이다.

빅토 비안코는 "지금과 같은 악한 시대에서는 독(毒)을 가지고 살아야 독을 다스릴 수 있다"고 주장하고 있다. 많은 사람이 "어떻게 이렇게 악할 수 있어?"라고 반응하며 자신을 포장하지만 깊이 들여다 보면 빅토 비안코가 전하는 메시지는 의외로 우리 자신 속에 잠자고 있는 우리의 본능일지도 모른다.

빅토 비안코가 제시하는 처세론을 자칫 '악으로의 권유'로 잘못 받아들인다면 그것은 이 책의 진정한 의미를 제대로 소화시키지 못한, 이른바 소화불량 상태라고 말할 수 있다. 그러므로 역자는 여러분이 이 책의 전반에 걸쳐 있는 반어적, 역설적 의미를 꼭꼭 씹어 제대로 소화시켜 주기를 당부한다. 만일 그 이해 작업이 50퍼센트만이라도 옳게 이루어진다면 앞으로 여러분의 사물을 보는 눈, 인간을 보는 눈, 사고 방식, 그리고 인생 등에는 일대 혁신이 올 것이라고 장담하는 바다.

이 책이 미국에서 수 백만 부가 팔렸다는 사실은 무엇을 의미하는 것일까? 그것은 풍요 속의 그 국민들까지도 지금 어떤 위기가 오고 있음을 감지하고 있다는 증거다. 바꿔 말하면 미국인들은 지금 재무장을 하고 있다는 것이기도 하다.

〈오징어게임〉은 넷플리스에서 방영된 9부작 드라마다. 빚에 쫓기는 456명의 사람이 거액의 상금으로 새로운 삶을 시작하기 위해 목숨을 건 서바이벌 게임에 뛰어든다. 모두가 거액의 상금을 꿈꾸지만 모두가 게임의 승자가 될 수는 없다. 탈락하는 이들은 목숨을 잃고 최후의 1인만이 살아남는다. 강한 자만이, 수단과 방법을 가리지 않고 이기는 자만이 살아남아 거액의 상금을 손에 쥘 수 있는 것이다.

빅토 비안코가 말하고자 하는 메시지가 〈오징어게임〉에 고스란히 묻어 있다. 이번 개정판에서는 "국가의 발전과 인민의 복리증진을 위해서는 어떠한 수단이나 방법도 허용된다"는 마키아벨리즘에 〈오징어게임〉의 이야기를 접목하였다. 이 책을 읽는 독자들이 강한 자가 되어 살아남는 1인이 되기를 바라면서…

옮긴이 김진욱

제10장 미식에의 권유

서장

○
△
□

강자 생존의
시대

악마의 지혜는 인간 본능의 깊숙한 밑바닥에
잠자고 있는 지혜다. 거기에는 분명히 독이
있다. 독한 시대에서는 독을 가지고 독을 없
애야 한다. 그 악마적 지혜는 아직 당신 속에
잠자고 있다. 남보다 빨리 일깨워 강자 생존
의 시대의 승자가 되자.

조금이라도 빨리 싸울 준비를 하라

○

지금을 위기의 시대라고 한다. 하지만 돌이켜보면 위기의 시대가 아닌 적은 없었다. 우리 앞에는 항상 위기가 있고 삶은 위기를 극복하며 나아가는 과정이었다. 그렇다면 어떻게 위기를 극복해야 할까? 어떠한 환난과 위기가 있더라도 그런 상황에서 살아남는, 싸워 이기는 수단을 모색해야 되지 않겠는가?

위기에서 살아남으려면 이기적이라고 생각될지 모르지만 결국은 남을 밀어내고 살아남을 수밖에 다른 도리가 없다. 왜냐하면 지구라는 공간은 유한하고 거기서 생산되는 에너지나 식량에도 한계가 있는 이상 선착순(first come, first served)이 아니면 힘 있는 사람이 차지할 테니까.

본래부터 인간은 투쟁하기 위해 태어났다. 흔히 인간은 동물

□

017

과는 다르다고 하지만 그건 일종의 궤변이다. 오히려 짐승보다 더 투쟁적인 동물이라고 하는 게 정확할지 모른다.

인간에게는 싸우는 도구가 있다. 말(言), 책략 등이 그것이다. 싸움에서 이기면 생존에 필요한 것을 남으로부터 빼앗아 올 수도 있으며 남는 것을 비축해 둘 수도 있다.

그렇다면 우리들 각각의 개체는 싸울 수밖에 없지 않는가. 완력과 지능을 구사하여 배분을 둘러싼 필사적인 투쟁을 해야 하는 것이다. 그리고 지금은 급박한 시기이므로 조금이라도 남보다 빨리 그와 같은 전투 태세를 갖추지 않으면 마침내는 비참한 패배자로 전락하고 말 것이다.

못된 속삭임에 귀기울여 보자

○

인류의 종말이 운운될 때마다 '신의 구원'이란 말이 그림자처럼 따라붙는다. 따라서 종교가들은 "하나님의 이름을 예찬하라. 그러면 구원받을 것이다"라고 소리 높여 설교한다.

그러나 신의 예찬이 과연 인류의 구원일까? 대답은 분명히 "노(no)"다.

신의 이름을 예찬한다고 해서 석유가 펑펑 쏟아져 나오는 것도 아니고 곡식이 두 배로 수확되는 것도 아니다. 정신적 안정이라는 이름의 마취 상태를 누리게 될지도 모르지만 현실에 대처해 나가는 점에 있어서는 오히려 마이너스적 요소를 가져올지도 모른다.

신과 대치하고 있는 쪽을 우리는 악마라고 부른다.

악마는 평화보다 투쟁을 좋아하며 관념보다 실존을 숭상하며 무턱대고 남을 믿지도 않는다. 그리고 개인의 생활 방식에 충실하다. 그 점에서 볼 때 신은 확실히 비생활적이다.

일상생활을 하다 보면 우리는 가끔 '악마의 속삭임'을 듣는다. 비도덕적 행위에 대한 유혹의 말이다. 우리는 실로 오랫동안 신의 계율과 법의 제약에 의해 유혹을 억압받아 왔다. 그러나 이쯤에서 우리 한번 악마의 속삭임에 허심탄회하게 귀기울여 보자. 그래야 할 시대가 왔으니 말이다.

속삭임에는 여러 가지가 있다. 이번 일만 도와주면 수백만 달러를 준다는 거래처의 제안에 망설이는 경우라든가, 이웃집 유부녀와 한번 어울려 놀아나 보면 어떨까 하고 망설이는 등….

"저와 게임 한 번 하시겠습니까?"라고 물으며 딱지치기를 제안하는 〈오징어게임〉 속 모집책의 제안 또한 이런 속삭임의 사례 중 하나일 것이다. 게임 참가자들은 결국 상금이라는 당근에 넘어가 이런 속삭임에 몸을 내던진 이들이라 볼 수 있다.

이런 속삭임에 몸을 내맡기면 아마 법이나 사회 규범에 의해 심한 비난이나 제재를 받을지도 모른다. 그러나 그런 위험만 교묘하게 피해 나가면 현실적인 이문(margin)은 짭짤하게 돌아올 것이다.

위험이 없는 곳에서는 성공도 있을 수 없다. 이른바 성공했다는 사람들은 누구나 다 언제 어디선가 악마의 속삭임에 몸을 내맡겼던 사람들임에 틀림없다. 오로지 신이 제시한 길만을 걸어서 성공했다고 한다면 그것은 거짓말이다.

매스컴에서 왁자지껄했던 일련의 사건들을 생각해 보자. 기업 비리 사건이라도 좋고 대학 입시 누설건이라도 좋다. 언론에서는 그 사건의 전모를 심층 취재해서 보도할 것이고 결국 몇 명의 관련자가 구속된다. 그러면 국민들은 "역시 악은 패한다. 결국은 정의가 승리한다"고 단순하게 생각해 버린다.

그러나 각종 사건의 뒤를 캐보거나 보도 관계자들에게 그 내막을 들어 보면, 매스컴에 보도된 것은 악의 극히 일부에 지나지 않는다는 것을 알게 된다. 특히 정치적 문제, 재벌들의 문제는 더욱 그러하다. 대개가 어둠에서 어둠으로 파묻히고 마는 것이다. 정치적인 배려, 그것 때문에 악이 숨겨지기 때문이다.

동정은 금물이다

○

아이러니하게도 세계적 규모로 고난의 시대가 펼쳐지고 있는 오늘날에 있어서도 악마의 속삭임에 귀를 기울이는 사람은 소수에 불과하다. 그러나 소수이기 때문에 그것의 선택에 가치가 있는 게 아니겠는가. 경쟁자가 적으면 적을수록 승산은 높고 마진도 큰 법이다.

여기서 한 가지 명심해야 될 것은 악마의 속삭임에 귀를 기울이기로 했고 그 악한 지혜를 자기화하려고 결심했다면 결코 중도에서 포기를 해서는 안 된다는 사실이다.

유약했기 때문에, 중도에 포기했기 때문에 성취하지 못한 어떤 여자 귀신의 이야기를 들어 보자.

남편의 지나친 바람기 때문에 속이 썩을대로 썩은 한 아내가 복수할 것을 다짐한다. 그리하여 그 복수를 성취시키기 위해 그녀는 간곡히 빌어 귀신이 된다. 마침내 복수하려는 순간, 즉 소원이 성취되려는 순간 그녀는 늙고 지쳐 볼품없어진 남편의 모습을 보고 가엾다는 생각을 하게 된다. 그러자 아내 귀신은 다시 변하여 불쌍하게 늙어 버린 평범한 여자가 되어 버린다.

이 이야기는 여자의 착한 본성에 대한 예시로 쓰자면 높이 평가될지 모르지만 악마주의(satanism)의 입장에서 말하자면 아무래도 철저하지 못했다고 하겠다. 귀신이 된 여자는 늙고 초라해진 남편의 모습을 보고서도 동정을 해서는 안 되었던 것이다. 멋지게 복수를 해줬어야 한다.

달콤한 말에 현혹되지 말라

○

신의 말씀은 몹시 달콤하고 은혜롭다. 그러나 그것은 같은 신도들의 귀에 들려올 때만 해당되는 말일 뿐 다른 종교를 믿는 사람들에게는 악마의 속삭임이다. 믿을 수 없는 헛된 소리로만 들릴 것이다. 다시 말해서 신 그 자체가 한편으로는 악마적인 요소를 지니고 있다는 이야기가 된다. 참으로 흥미로운 사실이다.

13세기 경에 있었던 마녀 재판의 기록을 비롯하여 기독교의 포교본에서 볼 수 있듯이 그들이 이교도를 공격할 때 쓰는 어투는 난폭하기 이를 데 없으며 심지어 욕지거리까지 동원된다.

독재자가 쓰는 수법도 마찬가지다. 그들이 행하는 연설의 근본은 같은 내용을 지겨울 정도로 되풀이하여 사람들의 신경을 마비시키는 일이다. 히틀러, 무솔리니, 스탈린, 모택동, 카스트로와 같은 국민의 의식을 하나로 집약시키지 않으면 안 되었던 독재적인 혁명가들은 거의 다 이와 같은 단순한 철학을 자기화하고 있었다.

나치 독일의 선전상이었던 괴벨스가 작성한 히틀러의 연설문은 그중에서도 특기할 만하다. 그가 작성한 연설문은 종교가들의 것과 마찬가지로 단순하고 명확했다. 다만 그런 단순함에 억양의 강약, 제스처, 많은 수식어의 사용으로 다채로운 것인냥 양념을 쳤을 뿐이다.

따라서 그 연설의 내용이 진실이냐 허위냐 하는 것 따위는 그다지 문제가 되지 않았다. 대중을 어떻게 취하게 만들어 그들을 광란의 도가니 속으로 끌어들이느냐 하는 것이 유일한 목적이었던 것이다. 그들이 추구하고자 하는 핵심에 대해 히틀러나 괴벨스는 지나칠 정도로 영악하게 잘 파악하고 있었으므로 그들은 연설의 도입부를 마치 잔잔한 물결이 밀려오는 듯한 정밀한 투로 꾸몄으며 이윽고 서론이 끝나고 본론에 접어드는 단계에 돌입하면서는 느닷없이 사자의 포효가 튀어나오게 했다.

"나의 친애하는 위대한 독일 제국 여러분, 때는 바야흐로…"

이런 식으로 볼륨을 높이게 되면 듣고 있는 사람들은 열광하여 환호성을 지르게 되는 것이다. 말하자면 정(靜)과 동(動)을 교묘히 배합하여 대중을 자유자재로 요리한 것이다.

종교가의 연설도 히틀러의 수법과 똑같은 위험한 요소가 잠재되어 있다는 것을 알고 있어야 한다. 감미롭고 귀에 솔깃한 말이야말로 경계하지 않으면 안 된다.

다시 한번 신의 감미로운 말에 현혹되지 않도록 간곡히 충고해 둔다. 특히 종교가들이 강조하는 '죽은 후의 세계'라는 위협에 휘말리지 않도록 조심해야 한다. 신의 섭리에 위반되는 행동을 하면 지옥에 떨어진다고 하는 위협은 독재자에게 반항하면 처형된다는 위협과 조금도 다를 게 없다.

선과 악의 싸움에서 승자는?

○

양극에 있는 선과 악이 이따금 대결을 강요받는 일이 있다.

우리는 흔히 악마는 사악하고 신은 자애롭다고 생각한다. 그리고 신의 위대한 능력이라는 기적을 자주 들먹인다. 만일 기적이

신의 존재 이유라면 어째서 가장 절박하고 중요한 순간에 그 위대한 능력인 기적을 보여주지 않는단 말인가. 예를 들어 예수가 십자가에 못 박혀 처형되었을 때라든가 또는 전도사들이 전도 사업을 하다가 잔학한 처벌을 받게 되었을 때라든지, 전쟁에서 무고한 백성들이 살해되었을 때 하나님은 왜 구원의 손길을 뻗으려 하지 않았는가 말이다.

이야기를 악마와 청년 예수의 대결 장면으로 옮겨 보자.

하나님의 아들 예수는 40일 동안의 금식 기도에 들어갔다. 무서운 허기가 엄습해 왔을 때 악마가 와서 속삭였다.

"몸에 해로워, 무리하지 말라니까. 이것 봐, 여기 빵이 있는데 이걸 줄게."

그러자 예수는 이를 거절했다.

"사람은 빵만 가지고 사는 게 아냐. 하나님의 말씀에 의해서 사는 거야."

악마는 낙담하지 않고 한마디 더 했다.

"그래? 높이 살 만한 이야기군. 그렇다면 이건 어떨까. 원한다면 이 세상에서 가능한 온갖 부귀영화를 맛보게 해줄 텐데…."

이 말에 예수는 드디어 큰 소리로 외쳤다.

"사탄이여, 물러가라!"

악마는 예수의 절규가 두려웠다기보다 어처구니 없어서 물러가 버렸다.

예수가 '사람은 빵만 가지고 사는 게 아냐'라는 말을 월남 전쟁 당시의 월남 및 캄보디아 난민촌에서 했다고 가정한다면 과연 어떤 반응을 얻게 되었을까?

인도의 석가도 예수와 비슷한 체험을 했다. 석가가 보리수 나무 밑에서 대오 각성하려고 수도를 하고 있을 때 나체의 미녀로 변신한 악마가 와서 그를 유혹하려 했다. 석가는 화를 내면서 그 악마를 쫓아버렸다. 그후 석가는 나체 미녀에 대한 보복으로서 불도(佛道) 수행에는 여색(女色)이 들어가서는 안 된다는 계율을 만들어 버린 것이다. 그 때문에 후일 많은 스님이 부자연스러운 계율에 얽매여 신음하게 된 것이다.

악에 숨어 있는 지혜와 힘을 찾아내자

○

사탄의 전직(前職)은 일곱 천사였던 루시퍼다. 루시퍼는 본래 로마의 빛의 신이었는데 그리스도교의 하나님이 득세하는 바람에 그 수하의 일곱 천사로 신분이 격하되어 버렸다. 그의 임무는 인간의 실수를 조사 보고하는 일이었다. 말하자면 경찰 역할이었다.

루시퍼는 자신의 날개 깃털을 뽑아 자유라는 이름의 천사를 만들었다. 그는 열정적으로 활동하면서 인간의 실수를 낱낱이 조사했는데 그가 조사한 인간의 실수를 세밀히 분석해 보니까 그 실수라는 게 바로 인간적인 것임을 알게 되었다.

그런데 그런 인간적인 실수를 신에게 보고할 때마다 인간에게 신벌이 내려지는 게 아닌가.

그래서 루시퍼는 천사와 인간이 공존하는 유토피아(Utopia)를 건설하기로 마음먹었다. 이를테면 신에 대한 모반을 꾀한 것이다. 그러나 그게 들통이나 신의 벼락을 맞게 되었으며 그 벼락으로 날개가 타버리면서 그대로 지옥으로 떨어져 버렸다. 그리하여 루시퍼는 악마 세계의 대왕(大王)이 된 것이다.

이상의 이야기를 가지고 '루시퍼는 비극의 주인공이었군'하고 생각해서는 안 된다. 오히려 루시퍼는 각성했던 존재임을 깨달아야 하는 것이다.

지금은 망설일 필요없이 신의 규율을 버려야 할 시대다. 모세의 십계도 그렇고, 예수의 산상수훈(the sermon on the mount)의 일화가 그렇고, 불교의 십선계(十善戒) 등도 그렇다. 모두 인간성을 무시한 인간 약화의 한 작업으로 받아들여야 한다. 그리고 동시에 그런 의도에서 이루어진 기존 도덕도 버려야 할 시대가 온 것이다.

그리하여 강하고 인간답게 살아가지 않으면 안 된다. 지금, 그리고 여기서 당장 자기자신의 행동철학, 고난의 시대를 살아가는 우리들의 바이블(bible)을 작성하자.

바야흐로 이제부터는 모든 신이 말하고 있는 억압으로부터 자신을 해방시켜 살 길을 모색해야 하는 시대다.

우선 다음과 같은 구호를 뇌리 속에 담아 두자.

• 겉치레의 시대에서 본심(本心)의 시대가 된다.

- 약자의 논리에서 강자 논리의 시대가 된다.
- 상냥한 시대에서 힘의 시대가 된다.

위의 세 가지 구호를 진실로 이해하면 지금까지 악으로 취급되었던 것들 속에 그야말로 참다운 지혜와 힘이 숨어 있음을 발견하게 될 것이다. 그리하여 여기서 진정한 자유라고 하는 선을 찾게 될 것이다.

이 얼마나 아이러니한 이야기인가. 왜냐하면 기존의 윤리와 질서가 철저히 파괴된 다음 그 위에 새로운 기준에 의한 계율이 당당히 시민권을 얻게 될 테니까 말이다.

악마의 지혜는 인간 본능의 깊숙한 밑바닥에 잠자고 있는 지혜다. 거기에는 확실히 독이 있으며, 추한 점이 있으며, 잔인함이 있다.

그 지혜는 아직도 당신 안에서 잠자고 있다. 남보다 먼저 그것을 깨달아서 행동으로 옮기자.

제1장

○
△
□

오른쪽 뺨을 맞으면
양쪽 뺨을 때려라

힘의 시대가 온 것이다. 상대방이 때리거든
이쪽도 되받아 상대방을 때리자. 때로는 얻어
맞기 전에 선제 공격을 가하지 않으면 도저히
생존해 남을 수가 없는 시대가 온 것이다. 자,
이제부터는 되로 맞으면 말로 갚아주자.

01 맞기 전에 먼저 때려라

무저항주의로 이길 수 없다

○

시대를 제2차 세계 대전 직후라고 생각해 본다면 오른쪽 뺨을 맞고 이어 왼쪽 뺨도 마저 갈겨 달라고 하는 초인적으로 선량한 생활 태도를 가진 사람이 살아남을 길은 없었을 것이다.

아마도 그 당시에는 '얻어맞기 전에 먼저 때려 줘라'하는 식의 생활 태도, 사고방식이 더 지배적이었을 것이고 또 그게 당연했을 것이다. 그런데 하물며 상대방이 주먹질을 했는데도 '덤으로 왼쪽 뺨도'하고 내주는 어리석은 생활 방식을 가진 사람은 결코 존재하지 않았을 것이다.

그런데 70년도에 들어와서는 사람들의 인식이 좀 달라졌다. 얼마쯤 얻어맞아도 상대를 하지 않는 것이 이익이라는 생각을 무의식적으로 지니고 있는 사람들이 많아진 것이다. 그것은 70년대

□

와 80년대 특수 경기라고 일컬어졌던, 역사적으로 유례가 없던 경제적 호황에 식량 위기가 완화된 결과였다. 정신적인 여유가 생겼기 때문에 '잘난 놈은 싸우지 않는다'는 부자의 사고방식이 싹트게 된 것이다.

그러나 이제는 다시 위기의 시대가 왔다. '살찐 돼지'로서는 이 시대를 지탱해 나갈 수가 없을 것이다. 모두들 '굶주린 늑대'가 될 테니까 말이다.

여기서 "오른쪽 뺨을 얻어 맞았으면 왼쪽 뺨을 내밀어라"라는 말의 원전에 대해서 생각해 보기로 하자. 이것은 말할 것도 없이 성서에 연유한다. 그리고 여기서 볼 수 있는 것은 철저한 무저항주의이다. 그 무저항주의의 근원은 예수가 살았던 시대의 이스라엘을 살펴보면 자연히 명백해진다.

예수가 살았던 당시의 이스라엘은 로마제국의 속령이었다. 그 당시 이스라엘의 왕은 이름뿐인 왕으로 실질적인 권력자는 빌라도라는 이름의 총독이었다.

빌라도는 뇌물을 좋아하고 여자를 능욕하며 반항분자는 여지없이 처형해 버리는 전형적인 폭군이요, 권력자였다. 그렇지 않아도 난폭자 투성이었던 로마 파견군의 병사들은 그와 같은 총독의 소행을 본받아 멋대로 굴었다. 유태인들이 이와 같은 공포 정치 속에서 얼마나 신음했고 시달렸는가는 새삼 말할 필요가 없을 것이다.

이때 등장한 것이 예수였다.

그러나 예수는 칼을 갖지 않았으므로 명상 속에서 떠오르는 말을 무기로 할 수밖에 없었다. 그와 같은 말이 산상의 수훈이란 가르침이 된 셈이다. 그렇지만 그것은 유태인들에게 정신적인 위안은 될 수 있었어도 이방인인 로마 병사들을 어쩔 수는 없었다.

결과적으로 예수의 계율은 약자가 몸을 지키는 이론, 즉 무저항주의가 될 수밖에 없었던 그런 상황이었다. 섣불리 저항하게 되면 살해되었기 때문이다. 로마의 힘이 너무나도 강대했던 시대였으므로 피착취민들은 예수가 설파한 무저항주의를 받아들일 수밖에 다른 도리가 없었던 것이다.

그렇지만 결국 이스라엘은 붕괴하였다. 예수가 진정 구세주였다면 유태인은 오늘날까지 나라를 유지할 수 있었을 것이며 반대로 로마 쪽은 역사 속에 매몰되어야 옳았을 것이다. 그러나 현실적으로 유태인은 국토를 빼앗겨 2천 년에 걸쳐 세계를 온통 유랑하게 되었으며 로마는 우여곡절을 거쳤지만 이탈리아로서 역사의 중심에 남아 있었다.

이런 이야기를 하는 것은 종교가들이 제시하는 계율이란, 그들이 살았던 시대의 배경과 깊은 관계가 있음을 이해해 달라고 하기 위해서다. 무저항주의 같은 것은 어차피 무척 무력하다는 것을 이해해주기 바란다.

□
033

한 번 더 갈겨 주십시오

O

세계 평화는 외교에 의해 유지된다는 것을 액면 그대로 믿어 왔던 사람들은 이제야 그것이 얼마나 안일한 생각이었는지를 깨닫는 것 같다. 말하자면 자기 나라를 다른 나라로부터 지키기 위해서는, 유린당하지 않기 위해서는 스스로의 힘을 가져야 한다는 것을 이제야 깨닫는 것 같다. 그리고 그렇게 하기 위해서는 돈과 인간의 소모라는 많은 희생을 치뤄야 한다는 것도 어렴풋이 느껴 가고 있는 듯싶다.

세계는 이후 힘의 정치(politics of power)의 시대에 접어 들었다고 해도 결코 지나친 말이 아니다. 과거 80년대 이란의 미국인 인질 사태 때만 해도 미국은 '그것은 국제법을 무시한 폭거다'라는 식의 비난밖에 할줄 몰랐다. 이런 항의는 얼마나 나약하고 박력이 없게 우리들 귀에 들려왔던가.

이란에서의 외국인 인질 사태 당시 미국은 비록 실패로 끝났지만 한 차례 인질 구출 작전을 펼친 바 있다. 당시 미국은 소련과 세계 여론의 눈치를 살피느라 이란에 대해 직접 무력을 행사할 수 없어 그런 비상 구출 작전을 시도해 본 것이다. 결코 카운터 펀치가 아닌 잽 정도의 응수였다.

그러나 구출 작전 실패 보도가 있었던 날 미국 각지에서는 "탱큐 미스터 프레지던트, 한 번 더 해 봅시다"라는 피켓을 든 국민들이 거리로 쏟아져 나왔었다. 바꿔 말하면 "한 번 더 갈겨 주십시오"하는 것이 실은 미국 국민의 바람이었던 것이다. 국가는 유약한 선택을 했지만 국민들은 이미 강인한 길로 나아갈 준비가 되어있었다.

이렇듯 치고받는 국제 정치의 시대에 돌입한 지금의 상황에 있어서 개인으로서는 어떻게 처신해 나가야 할까? 여전히 무저항주의, 평화주의로 살아야 한단 말인가? 그렇지 않다. 지금이야말로 패배주의의 계율을 과감하게 팽개쳐야 할 때인 것이다.

02 싸우고 또 싸워서 생존권을 확보하라

위기를 경고하는 자가 양치기 소년인가?

○

지금 우리에게 펼쳐진 시대는 에너지와 식량 문제로 인해 보다 더 큰 혼란이 예상되는 곤혹의 시대다.

우리는 흔히 식량 문제와 에너지 문제를 개별로 생각하고 있는데 사실 이들은 이복형제라고 보면 된다.

예를 들어 사시사철 채소 가게에 야채가 진열되는 것도 석유 덕분이다. 지방을 여행해 보면 곳곳에 세워진 새하얀 비닐하우스를 볼 수 있을 것이다. 봄, 여름, 가을, 겨울 언제나 그 비닐하우스 속에는 석유 난로가 피워져 있으며 그로 인해 1년 내내 야채를 재배할 수 있는 것이다. 그런데 만일 석유 수입이 일체 동결되고 만다면 이들 비닐하우스는 그날로 무용지물이 되고 말 것이 아닌가. 거기에다 비닐 자체의 원료가 바로 석유 아닌가.

그런데 지금 자원의 고갈로 인한 위기의 순간이 한발 한발 가까이 다가오고 있는 것이다. 많은 학자들이 식량 위기를 예고하고 있지만 누구도 그 말에 진지하게 귀를 기울이려고 하지 않는다. 뿐만 아니라 오히려 그 학자들을 "늑대가 나타났다!"하고 고함을 치던 우화 속의 한 양치기 소년으로 취급하고 있다.

힘없는 자가 가장 비참하다

○

지금 우리는 윤택한 생활에 지나치게 젖어들고 있다. 그리고 자유평등이라는 허구적 사상에 지나치게 도취되어 경쟁도 목적도 차츰 잊어가고 있다. 말하자면 너무 방심 상태에 빠져 있는 것이다.

그러나 곧 남을 밀어내고, 상처를 입히고, 심지어는 그가 죽어 가는 것을 못 본 체 내버려 두고라도 자신의 의지, 목적만을 향해 돌진해야 하는 그런 시대가 눈앞에 전개될 것이다. '공동 생존'의 세상에서 '강자 생존'의 세상으로 옮겨가는 것이다.

강자 생존의 시대가 되면 힘과 지혜가 있는 자만이 한없이 행복한 자이며, 힘이 없는 자는 비참해지고 말 것이다.

식량을 비롯한 모든 물자의 충족이 불가능해진 그런 때에 가서도 '오른쪽 뺨을 맞으면 왼쪽 뺨까지 내밀어라'는 이 식물적 무저항주의가 과연 소용이 있을까?

□

제2차 세계 대전이 끝날 무렵 무인도로 패퇴했던 굶주린 병사들이 동료의 인육(人肉)을 먹으며 생명을 부지했다는 이야기가 있다.

〈오징어게임〉에서도 우유와 빵을 배급받는 과정에서 식량이 부족해지자 곧바로 강자인 덕수 일당이 약자의 식량을 착취하는 일이 발생하는 것을 볼 수 있다. 게임 운영진 또한 참가자 간의 싸움을 유도하기 위해 배고픔을 이용한다.

이와 같이 극한 상태에 몰렸을 때 인간은 어느 동물보다도 비정해지며 잔혹해진다는 것을 명심해 둘 필요가 있다.

코너에 몰리기 전에 맞붙어 싸워라

○

일상 혹은 일터에서 흔히 아웃사이더(outsider), 국외자(局外者), 열외자(列外者)라는 말을 들어 보았을 것이다. 구태여 어떤 인간군을 말하는지 설명할 필요는 없을 것이다.

흔히 사람들은 그들에게 '가엾다', '안됐다', '동정이 간다'는 반응을 해보이는데 도대체 그 예외자에 대해 넓은 아량을 보이려고 하는 이유가 무엇이란 말인가. 유약한 인간에 대한 한없는 애정? 패배자에 대한 관용? 모두 실없는 것이다. 왜냐하면 그들이 그렇게 인생의 뒷전으로 물러나게 된 책임의 일부분은 그들 자신에게 있기 때문이다.

열외자는 결국 싸움에 패한 인간이다. 그리고 그가 패한 것에는 반드시 귀책이 있을 것이다. 혹자는 직장 동료에게 그의 추잡한 여성 관계를 들켜버렸을 것이고, 혹자는 상사의 눈 밖에났을 것이며, 혹자는 질병이 잦아 결근이 빈번했을 것이다.

또 혹자는 자기 주장이 부족했을 것이고, 혹자는 업무 능력이 부족했을 것이며, 혹자는 그가 지나친 호인이어서 실속 없이 사람 좋다는 소리만 들었는지도 모른다. 일단 패배자가 된 이상 그들이 이제 와서 아무리 울부짖고 호소해 보았자 그게 무슨 소용이란 말인가. 더군다나 패배자란 당초부터 반발할 만한 완력이 없었던 터였으니…

함정이나 코너에 몰리기 전에 용감히 맞붙어 싸울 만한 능력과 힘이 있었다면 열외자로 전락하기는 커녕 오히려 그 회사의 윗자리에 설 수 있었을 것이다. 만일 이런 패배자에게 연민의 정을 느낀다면 그 사람도 패배자의 길을 밟게 될 소지가 충분하다. 요는 얻어맞았으면 되받아칠 만한 기력과 힘이 있느냐 없느냐 그것이 문제다.

무능은 그 자체가 악이다

○

승려의 신분으로서 불현듯 몸을 일으켜 병사를 모으고 세력을 확장하여 자기의 상전이었던 영주를 몰아낸 사나이가 있었다.

□

그때 그는 이렇게 말했다.

"우리 영주는 이 땅을 지킬 만한 능력이 없다. 능력이 없다는 것은 그 자체가 악이다. 악이기 때문에 추방하지 않을 수 없다."

실제로 그 나라는 여러 강국에 포위되고 있어 위험한 상황에 처해 있었다. 그런데도 영주 자신은 주색에 빠져 있었으며 매를 그리는 게 그의 취미라는 매우 연약한 위인이었다. 승려의 몸으로서 영주를 몰아낸 처사는 일종의 하극상이었지만, 무능을 악으로 간주하는 사람에게 있어서는 그런 도덕심 따위는 그리 문제가 되지 않았다.

히틀러도 당시 군수 장관이었던 알버트 슈펠을 보고 이런 말을 했다.

"그 인물의 성격, 버릇 따위는 문제가 되지 않는다. 나는 나의 사고방식에 민감하게 반응하고 신속 과감하게 수행하는 그런 능력의 인물을 사랑한다. 평소에 송곳을 갈아두는 인물이어야 한다. 그렇게 할 수 없는 자는 가차없이 처단하겠다."

실제로 그렇다. 추방되거나 처단되지 않기 위해서는 평상시에 이빨을 갈아둘 필요가 있다.

한치의 방심도 있어서는 안 된다. 책략, 권모술수, 모함 등을 모두 다 포함한 싸움에서 이를 갈 준비를 해야 한다. 그리고 한순간이라도 이를 잊어서는 안 된다. 잊는다면 도리없이 열외로 밀리게 된다고 생각해야 된다.

상대의 약점을 이용하라

○

현재 비지니스 전선의 정상에 있는 사람들이 단순히 맹렬하게 일만 하여 현재의 위치를 차지했다고 생각하는 것은 큰 착각이다.

어떤 회사의 부사장은 사장보다 더 막강한 세력을 가지고 있었다. 그것은 그가 단지 경영에 탁월했다든지 그 회사의 판매에 20%를 혼자서 해치우고 있었다는 사실 때문이 아니었다. 능력도 능력이었지만, 그가 모든 중역의 프라이버시를 쥐고 있었기 때문에 더욱 그러했던 것이다.

그와 같은 그의 정보원은 언론을 비롯해서 동업자, 경찰, 변호사 등 다방면에 걸쳐 있었다. 그중에서도 특히 그의 주변에는 블랙 저널리즘(black journalism)이라고 불리는 집단, 즉 돈을 위해서라면 무엇이든지 하는 패거리들이 있었다고 한다. 그리하여 그는 그의 패거리들에게 아낌없이 돈을 뿌렸던 것이다.

FBI 창설 이래 죽기 직전까지 장관으로서 군림했던 에드거 후버가 대통령 이하 전 관료의 사생활에 대한 정보를 가지고 있었던 것은 유명한 일이다. 그러한 정보 가운데에는 'A는 K양과 9월 X일 밤 섹스를 3번 했다'는 식의 것까지 소상히 포함되어 있었다.

케네디 대통령과 동생인 로버트 법무장관이 후버와 마치 개와 원숭이처럼 사이가 좋지 않았다는 것은 다 알고 있는 사실이

□

다. 케네디와 로버트는 서로 협력하여 후버를 추방하려고 시도했지만 결국 실패로 끝나고 말았다. 왜일까? 후버는 형제의 스캔들까지 속속들이 파악하고 있었기 때문이다. 후버 장관이 대통령인 케네디에게 가할 수 있는 KO 펀치는 마릴린 먼로가 그의 애인이었다는 비밀이었다. 상대방이 이쪽 스캔들을 쥐고 있는 이상 케네디가 후버한테 이기려면 그를 없애는 길밖에 없었다. 그러나 그것은 우선 불가능하기 때문에 결국은 그를 현직에 머물러 있게 할 수밖에 없었을 것이다.

되로 맞으면 말로 갚아라

○

어쨌거나 정보화 사회가 되었으니 싸움에 지지 않기 위해서도 정보를 써야 한다. 그 전술의 첫발은 동료, 상사들의 프라이버시를 손 안에 넣는 일이다. 속된 말로 표현하면 덜미를 쥐는 일이다.

이것은 강력한 무기가 된다.

상대방이 내 오른뺨을 때렸을 때, 즉시 상대방의 왼뺨을 되받아칠 수 있는 위대한 무기다.

이와 같은 무기를 손 안에 넣으려면 투자도 필요하다. 보수가 없는 곳에는 결코 정보가 모여 들지 않는다. 부하에게는 마시게 하고, 상사에게는 여자를 안을 수 있게 해줘야 하며, 정보를 가져오는 자에게는 돈을 줘야 한다. 경우에 따라서는 흥신소 직원을 고용해도 좋다.

스캔들은 지저분하면 할수록 이용 가치가 높다. 한편 손아귀에 넣을 상대를 고를 때는 선별해야 한다. 부장보다는 상무, 상무보다는 전무, 전무보다는 사장이 좋다.

프라이버시를 쥐는 가장 빠른 방법은 여성 관계에 표적을 맞추는 일이다. 금전의 수수라든가 대인관계는 캐어내기가 무척 힘이 든다. 그렇지만 여성 관계라면 노리는 상사가 출입하는 장소만 알아내면 추적하기가 용이해지며, 측근을 구워 삶아 힌트를 얻어내는 방법도 있다. 여성 관계의 경우 살아 있는 자가 증거인 만큼 인멸도 어렵다. 이것은 극히 상식적인 일이지만 항상 머리 속에 새겨둘 필요가 있다.

만일 당신이 '그런 비겁한 짓을 하고 싶지 않다'고 깨끗한 체한다면, 그건 곤란한 일이며 결코 강자가 될 수 없는 처사다.

그런 말을 한 순간 당신은 절반쯤 싸움에 진 패배자가 된다. 손자병법에도 이런 말이 있지 않은가.

"적을 알고 자신을 알게 되면 백 번 싸워 백 번을 다 이길 수 있다."

오랜 옛날의 전술가가 가르쳐 준 이 말은 현대의 비즈니스 세계에도 충분히 적용되는 진리인 것이다.

특히 현대의 비지니스맨은 싸우고 또 싸워 이겨야만 간신히 생존권을 확보할 수 있는 시대가 되었다는 것을 자각해둘 필요가 있다.

□

오른뺨을 맞고도 왼뺨을 내밀어 계속 얻어맞으며 언젠가 폭풍우가 지나가기를 기다리는 무저항주의적 생활 방법은 이제 영원히 작별해 버리자.

니체가 평생 기독교 공격자였다는 것은 다 알고 있을 것이다.

"성경을 읽을 때는 장갑을 끼는 것이 좋다"고 대놓고 말한 그는 '오른쪽 뺨을 맞았거든 왼쪽 뺨까지 내밀어라'고 한 성경의 가르침에 대해 그의 저서 《이 사람을 보라》에서 이렇게 단정적으로 표현했다.

"인간이라면 정직하게 뺨을 맞았으면 되받아치고 싶을 것이다. 되받아칠 수가 없는 것은 자신이 약자이기 때문이다. 그와 같은 무력함을 감추기 위해 왼쪽 뺨도 내밀라고 했을 뿐이다. 결국 생존경쟁에 패배한 약자의 변명일 뿐이다."

힘의 시대가 온 것이다. 상대방이 때리거든 이쪽도 되받아 상대방을 때리자. 때로는 얻어맞기 전에 선제 공격을 가하지 않으면 도저히 생존해 남을 수가 없는 시대가 올 것이다. 자, 이제부터는 되로 맞으면 말로 갚아 주자.

어떻게 때리는가 하는 더욱 더 영악하고 야무진 지혜에 대해서는 다음 장에서 계속 설명하겠다.

제2장

○
△
□

성적 강함의 매력

강한 남성, 투쟁심이 왕성한 사나이라면 아내를 충분히 만족시켜 줄 뿐 아니라 남아도는 에너지를 다른 여성에게 쏟을 가능성도 충분히 있다. 그것은 당연한 일로 자기 힘의 확인이며 살아남을 자신감에도 연결되는 일이다. 그러한 힘이야말로 앞으로의 시대를 강하게 살아나갈 원동력 그 자체가 될 것이다.

01

자극을 즐겨라

성은 이긴 자에게 주어지는 능력의 상징이다

○

성경에 있는 '간음하지 말라'는 가르침을 단순히 성(性)을 즐기지 말라고 타이르는 것으로만 생각한다면 그건 불충분하다. 이 말의 이면에는 앞에서도 말한 바 있듯이 유태인의 무기력과 무저항주의가 숨어있다는 것을 알아차리지 않으면 안 된다. 오른쪽 뺨을 맞았거든 왼쪽 뺨까지 마저 내밀라고 하는 패배주의와 깊은 관계가 있는 것이다.

왜 그럴까?

본래 성이란 싸움을 쟁취하여 그 감미로운 맛을 보아야만 옳다. 쉽게 주어진다면 자극이 부족하여 충분한 맛을 잃게 된다.

그런 점에서 동물들의 성은 극히 솔직하다. 그들의 성은 종족 보존이라는 중요한 역할을 부여받고 있지만 싸움 없이 암놈을 손에 넣는 일이란 불가능하게 되어 있다. 싸워서 이기는 일은 우수한 종족을 보존시킬 능력이 있다는 증거이며, 약한 종자는 용서없이 도태된다.

그것이 성의 심리라고 해도 좋을 것이다. 그럴진대 인간이라고 해서 예외는 아닌 것이다.

오늘과 같은 결혼 제도가 확립되기까지 인간 사회에 있어서도 성은 격렬한 투쟁 끝에 이긴 자에게만 주어지는 맛있는 고기였을 것이다.

예로부터 인간의 성이란 강자는 여러 명의 여성을 거느리고 할렘을 구축할 수 있었지만, 약자는 평생을 두고 동정인 채 끝나지 않으면 안 되는 운명이었다. 그 흔적이 지금도 포유류의 번식 습성에 남아 있지 않은가.

따라서 성서 속의 간음하지 말라는 말은 호색에 대한 경계일 뿐 아니라 성을 얻으려고 하는 싸움도 포기하라는 이야기와 통하는 셈이다. 그런 점에서 성서의 말은 어디까지나 약자에게 어울리게 되어 있다.

완력이든 금력이든 관계없이 싸움을 통해 쟁취한 것인 이상, 성의 승리자는 그 성과를 과시하고 싶어진다. 이것 역시 자연스러운 감정이라고 할 수 있으며 이로 인해 '후공의 미녀 2천 명'과 같은 과잉 시위도 탄생하게 되는 것이다. 단지 성행위의 상대로서뿐만 아니라 자신의 능력, 힘을 과시하기 위한 장식품으로까지 이성을 동원한 셈이라고나 할까.

대체적으로 정점에 오른 사람들은 반드시 성(城·castle)을 세운다. 중세기의 영주는 성곽을 만들고 창업 사장일 경우에는 호화 찬란한 사옥을, 그리고 불교가라면 커다란 절을… 이런 식이다. 그것이 성공에 대한 영광의 상징이라고 한다면, 그러한 성(castle)에 필적하는 것은 바로 성(sex)이 아닌가. 그렇지만 그 어떤 것도 싸움 없이 손아귀에 넣을 수 없는 것임은 물론이다.

싸우기를 싫어하는 인간은 결코 이성도 차지할 수 없다. 가정의 평화만을 요구하는 소시민은 하는 수 없이 일편단심으로, '오로지 배우자' 식의 생활을 지켜나갈 수밖에 다른 방도가 없다. 역설적으로 말하면 마음대로 이성을 손에 넣을 수가 없는 유형의 사람은 일의 능력도 떨어진다는 이야기가 된다.

색을 좋아할 만큼 지위를 얻은 사람이 영웅이다

○

흔히 영웅은 호색가라고 말한다. 동서고금을 막론하고 영웅칭호를 받은 인물 중에 여성 관계가 담백했던 자는 극히 드물다. 그 속어를 되짚어 보면 영웅은 호색가라기보다 '색을 좋아할 만큼 지위를 얻은 사람이 영웅'이라는 의미 쪽이 강하다고 여겨진다.

본래 인간은 색을 좋아하는 동물이며, 자기에게 그럴 기회만 주어지면 언제라도 그것을 즐기게 되어 있다.

흔히 "아내하고는 관계도 가지고 싶지 않다. 능력은 없지만 새로운 여자이기만 하면 매일이라도 관계를 할 수 있다"고 말하는 남성들이 많다. 평범한 사람은 그런 경우에 부딪히지도 않겠지만 영웅한테는 그러한 경우가 많이 있다.

오늘날의 사회상을 훑어보면 남자와 여자의 만남에 있어서 싸움이 불필요해진 상황이 너무나도 만연해진 것 같다. 즉 싸움을 포기해도 이성을 손에 넣을 수 있는 장소는 얼마든지 존재한다는 이야기다. 성매매, 불법 유흥가 등이 그것이다. 약간의 돈만 있다면 수동적 자세에서 어느 정도 만족할 수가 있다. 요금을 지불할 돈만 있다면 능력같은 것은 문제가 되지 않는다. 게다가 이러한 취약한 상황을 한층 더 악화시키려 드는 것이 포르노일 것이다.

성의 지나친 보호는 남자를 약하게 만든다. 남자가 강해지려면 여자를 손에 넣기 어려운 상황이 없으면 안 된다. 성의 과잉사회가 싸우지 못하는 남성을 만들어 내게 되며, 매력적이고 여러 면으로 훌륭한 자질을 가진 인간을 휴지와 같은 인물로 약화시키고 있다고 할 수 있다.

오픈된 성은 인간을 약하게 만든다

○

성 풍속은 최근 급속한 전개를 보여왔다. 그 핵심은 비정상적인 성(abnormal sex)의 범람이다. 동성애를 비롯해서 사디즘, 마조히즘, 그리고 미국에서 건너온 스와핑(swapping)이라고 하는 부부

△

교환의 성행위까지 등장하였다. 말하자면 손만 뻗으면 바로 옆에 성의 시장이 열려 있는 것이다.

동성 연애자들은 다음과 같이 자기 합리화할 것이다.

"이것은 가장 인간다운 성행위다. 이런 것은 옛 시대에도 존재했으며 이성에 대한 사랑과 마찬가지로 극히 자연스러운 일이다. 이것을 억압하는 것은 용서할 수 없다."

그것이 자연스러운지 부자연스러운지 속단할 수는 없지만 호모섹스가 남자의 강인함을 빼앗아가는 역할을 한다는 것은 의심할 여지가 없다.

성은 우선 종(種)을 보존하는 일에서부터 출발하여 인간은 그 것을 쾌락이라는 유희의 면으로까지 발전시켰다. 그렇지만 그 대상은 언제나 이성(理性)이었으며, 동성에 대한 사랑은 고작 이성에 대한 물리적 부(不)자유를 보충하는 것에 지나지 않았다.

옛날 중세기의 무장들은 그들의 전쟁터에 여성을 데리고 갈 수 없었기에 남색(男色)을 즐겼다고 하는데 이 남색은 동성애와는 또 다르다.

남자 동성애는 쌍방의 성욕적인 결합이지만, 남색이란 반드시 그렇지 않으며 일방적이다.

옛날부터 남색은 일방적인 것이어서 서로 사랑을 나누는 일은 드물었다. 말하자면 남색은 그저 여성의 대용물인 동시에 여성의 그것과는 또 다른 기관의 기능에 대한 매력이었을 뿐이다.

인간은 사나워지면 주변의 모든 것을 먹어버리려고 한다. 신이 정한 도덕, 윤리감 같은 것을 내동댕이치고 쾌락을 위해 대범하게 간음하는 쪽이 훨씬 더 자연스럽다. 종교적 계율 같은 것에 사로잡히지 말고 이성을 향해 돌진하는 것이 어떨까? 아니 의식하고 나서 돌진하지 않더라도 당신이 정말로 진실하게 인간으로서 생활하고 남으로부터 수탈할 수 있는 입장의 강자가 된다면 감미로운 간음도 자연스레 원하게 되는 것이다.

성에 관한 한 정상으로 걸어가는 것이 좋다. 비정상적인 성애(性愛)의 형태는 반드시 인간을 약하게 만든다.

히틀러가 남색 행위를 엄격하게 금지한 것은 당 간부들이 남색에 빠진 것이 동기였지만, 동시에 남색이 인간을 약하게 만든다는 것을 알고 있었기 때문이다. 히틀러뿐만 아니라 전체주의 국가에서 남색을 절대적으로 금지했다는 사실을 알아둘 필요가 있다.

02

파괴를
즐겨라

신도 잊어버릴 만큼의 감미로운 마력이 숨어 있다

○

지금까지는 간음하지 말라는 말에 싸우지 말라는 일면이 있다는 이야기를 한 셈이다. 그런데 사실 그것뿐만 아니다. 오래된 이 계율의 취지 속에는 호색을 경계함으로써 성이 얼마나 감미로운 것인가를 깨닫지 못하게 하려는 의도가 숨어있음을 감지해야 한다.

그러면 신은 왜 성의 세계를 금기시한 것일까? 대답은 간단하다. 성의 감미로움 속에는 하나님 따위는 나 몰라라 하고 단정할 정도의 마력이 숨어 있기 때문이다. 신은 그것을 두려워한 것이다. 그리하여 이와 같은 금기사항에 도전하려고 한 인간은 심한 박해를 받게 된다.

13세기 경부터 유럽에 불어닥친 '마녀재판'을 보도록 하자. 암

□

흑시대라 불리운 수백 년 역사의 일면 중 마녀재판은 간음을 중심으로 한 인간과 신의 싸움이 노출된 것이었다.

마녀라고는 해도 그 개념을 한마디로 말하기는 어렵다. 마녀사냥 이전에는 요술사, 주술사 등이 마녀적 존재로 간주되었지만, 일단 마녀사냥이 시작되자 의심되는 행동을 하거나 사람들 사이에 소문이 퍼지면 그것만으로도 대상을 그냥 마녀로 단정하게 되었다.

마녀라는 게 실체가 없는 것이다 보니 범위는 한없이 확대되어 갔다. 예를 들어 미인인 유부녀의 이웃집에 살고 있던 한 남자가 어느 날 성불능증에 빠졌다고 하자. 그런데 그것이 온 마을에 소문으로 퍼졌으며 그 원인이 이웃집에 사는 유부녀가 요술을 부렸기 때문이라고 연결되었다. 이로 인해 그 유부녀는 마녀재판을 받게 되었다. 이렇듯 어처구니없는 예가 많았다.

예수가 고행하고 있을 때에도 악마가 등장하여 유혹했지만 그는 이를 물리쳤다고 앞에서 말했다. 결국 속세에 있어서 매력적인 것은 악마적인 것이다. 그것이 바로 기독교에서는 언제나 악마가 악역을 담당하게 된 이유다. 특히 교회, 성직자의 부패가 극심해진 13세기에 로마 교황청은 성직자에 대한 비판의 소리를 막기 위해서도 마녀를 이단자로서 계속해서 실재화(實在化)시키지 않으면 안 되었을 것이다.

유럽 전체의 사람들을 충실한 신의 하인으로서 관리하기 위해서는 자유로운 사상을 안겨다 주어서는 안 되었으며, 그와 같은 관리를 위한 가장 강력한 계율이 간음하지 말라는 것이었다.

그러나 성은 인간의 근본적인 쾌락이므로 그 매력을 물리친다는 것은 누구에게나 무척 어려운 일이었다. 간음이 미덕에 가까워진다면 종교는 그만큼 허술하게 취급되기 쉽다. 그 때문에 종교가들은 마녀를 음탕한 존재로 보고 이를 태워죽이지 않으면 충실한 종들이 간음의 매력에 빠지게 된다고 생각하였다.

말하자면 마녀는 재물이었으며 간음에 대한 일벌백계의 희생자였다.

마녀재판이 얼마나 기가 막힌 것이었느냐에 대해서는 세리그맨이 쓴 《마법, 그것의 역사와 정체》에 소개된 내용을 읽어볼 필요가 있다.

앙리 보게가 쓴 《마녀재판 요령》에는 '피고가 마녀라는 징후를 나타낸 경우'에 대한 8가지 징후를 예시하고 있다. 그 몇 가지를 소개해 보면 다음과 같다.

- 심문 중에 피고가 눈을 내리깐다.
- 혹은 공포의 빛을 나타낸다.
- 피고가 울고 있는 것처럼 보이는데 눈물이 나오지 않고 있으며 눈물이 나온다 해도 조금밖에 되지 않는다.

즉 코에 걸면 코걸이, 귀에 걸면 귀걸이 식이다.

성은 자유와 투쟁의 상징이다

O

마녀로 지목된 사람들이야말로 큰 수난이었다. 앞서 말한 마녀 선별법에 의해 용의가 확인되면 옥에 갇혀 고문을 당하게 된다.

고문에 들어가면 이단자 재판관용 '고문 요령서'라는 게 있어 각종 사술(詐術)을 쓴다.

"목숨을 살려 줄 테니까 하여간 자백하라."

이것은 가장 비열한 방법일 것이다.

자백해도 절대로 살아남지 못하게 되어있다. 단지 솔직하게 자백하면 산 채로 불타 죽는 것은 면하나 교살된 다음 불태워진 다는 특전이 있었다. 자백한다고 하더라도 실제로 당사자는 그런 짓을 한 일이 없으므로 본인 스스로가 구체적인 사실을 말할 수 가 없다. 모든 것은 재판관의 유도심문 여하에 달려 있었다.

그런데 심문자의 흥미의 초점은 오로지 색마와의 간음이었다. 성기의 크기, 정액의 분량과 온도, 횟수, 시간, 쾌감의 정도… 재판 에 소요되는 시간의 대부분은 이 점을 묻는 데 쓰였기에 재판 기 록은 영락없이 외설서였다.

마녀재판이 완전히 종식된 것은 18세기 말이었다. 15세기 말 의 전성기로부터 약 백 년, 그 사이에 희생된 자는 어떤 기록에 의하면 3만 명 혹은 9백만 명이라고 되어 있다. 통설로는 2백만 명 내지 3백만 명 정도로 알려져 있다.

히틀러가 유태인을 학살한 것은 인간이 인간에 가한 압박이

△

다. 그런데 마녀재판은 정의의 신이 사악한 악마를 퇴치한 것이라고 한다. 신이라는 추상론으로서 정당성을 내세우니 반론하기가 어렵다.

그런 만큼 희생자만 억울할 뿐이다.

어쨌거나 마녀의 사악성의 초점을 간음에다 둔 것은 종교가들에게는 커다란 성공의 포인트였다. 간음이라는 것은 자유와 투쟁심의 상징인데, 그 간음을 사악의 표본으로 설정함으로써 모처럼 자유와 투쟁을 자각하기 시작한 인간을 다시금 속박 속에 끌어넣었던 것이다.

이렇게 해서 간음에 대한 속박은 마녀재판이란 형식으로 중세 유럽을 사납게 휩쓸었다. 종교가나 위정자들은 성이 인간의 근본적인 쾌락인 동시에 인간의 투쟁심을 자극하는 위험한 행위라는 것을 알고 있었던 것이다.

그렇기 때문에 간음을 사악한 것으로 밀어붙여 그 위반자를 마녀로 몰아 태워 죽인다는 우회적이지만 효과적인 방법을 택한 것이다.

이런 소동으로 인해 간음의 자유를 구하려고 한 민중의 움직임은 무참히도 깨어져 버리고 말았다. 그리하여 지금까지도 간음이란 사악하고 비도덕적인 행위라는 생각을 하게 되었는지 모른다.

"종교는 민중의 아편이다"라는 말이 있다. 이것은 아무래도 이데올로기에 근거한 것으로서 진리로 받아들이기에는 무리감이 있다. 그러나 파스칼은 그의 저서 《팡세》에서 이렇게 말했다.

"인간이 종교적인 신념으로 무언가를 행할 때만큼 용감하고 철저하게 악을 행하는 경우는 드물다."

파스칼이 살았던 시대(1623~62년)는 마녀재판이 거칠게 불어 닥치고 있던 시대였다. 이 철학자는 무고한 백성이 간음했다는 이 유만으로 마녀로 규정되어 참살되는 모습에 분노를 금할 수가 없었을 것이다.

성욕은 종교도 가라앉힐 수 없다

○

그렇다면 종교가란 어떻게 간음의 욕망을 그렇듯 쉽게 포기할 수 있는 것일까?

아나톨 프랑스의 《무희(舞姫) 타이스》라는 걸작의 서장에는 정욕에 환상에 사로잡혀 괴로워하고 있는 젊은 수도승의 자학적인 모습이 그려져 있다.

이 수도승들은 나일강가에 흙으로 만든 암자에서 살며 수행하고 있었다. 한낮 이집트의 태양은 강렬했다. 수도승들은 타는 듯한 태양의 고행은 견뎌낼 수가 있었다. 하지만 참다운 고통은 폭염이 사라져 버린 시원한 밤, 신과의 대화를 시도하는 명상의 시간에 엄습해 왔다.

그들은 모두 젊은 육체를 가진 수도승들이었다. 여성의 환영이 계속해서 춤추며 내려왔다. 환영의 아름다운 여성은 발가벗고

△

음탕하게 두 다리를 벌리고 있었다. 그리고 이쪽을 보고 미소짓고 있었다. 젊은 수도승은 그 환영에 사로잡혀 자신을 잊고 덤벼들었다.

하지만 그 수도승은 순간적으로 정신을 차려 사전에 준비해두었던 가시덤불의 회초리를 손에 쥐고는 자신의 몸을 격렬하게 매질했다. 몇 번인가 내려치자 피부가 찢어져 피가 흘러내렸다. 흙벽에도 피가 튀어 그것이 마치 자신의 정욕을 빨아들이는 것만 같았다. 이렇게 해서 젊은 수도승은 겨우 한 순간 평안을 되찾을 수가 있었던 것이다.

이것은 소설 속의 이야기이지만 어떤 고승이 실제로 들려준 이야기는 한층 더 사실적이다.

"수행 기간을 돌이켜 생각해보면 지금도 소름이 끼칩니다. 정욕이란 것은 독경이나 이성으로 가라앉는 것이 아닙니다. 그것은 한없이 부풀어 오르는 풍선과 같아서 마지막에는 폭발해 버릴 것만 같은 생각이 듭니다. 극한 상황까지 견디다 보면 정말로 코피가 나옵니다. 아니 나온다기 보다 뿜어나오는 느낌입니다. 그것은 정말로 고통이었습니다."

누가 그 고승에게 이렇게 물어봤다.

"인간성을 무시한 구도가 과연 필요한 것인지 의심한 적은 없으셨는지요?"

"없다고 하면 거짓말이 되겠지요. 불교에서는 그러한 욕망을 번뇌라고 부릅니다만, 그러한 번뇌를 초월한 후에는 깨달음에 한

발짝 가까워진다고 가르침을 받았습니다. 그렇지만 갈 길은 아득히 멀기만 합니다. 저만 하더라도 아직 그 입구에서 서성거리고 있는 형편이니까요."

그 고승은 지금도 새벽 4시에 일어나 몸을 씻고 좌선하고 있다.

마음이 완전히 깨달음에 이른 것 같은 고승도 그런 형편이니 젊은 수도승이 어떤 생각을 하며 매일을 지내고 있는지 대강 상상할 수가 없다.

불교든 기독교든 수도승이 어떤 괴로움을 자초하는 건 우리로서는 상관할 바가 아니다. 자기 스스로 자기의 길을 구하기 위해 사람들은 각 방향을 향해 걸어 간다. 어떤 젊은이가 종교의 세계에 발을 들여놓는 것이나 그의 친구가 직장에 취직하는 것이나 하등 다를 바가 없다. 이 점에 있어서는 아무리 고매한 종교라 하더라도 의미론적인 입장에서 똑같다고 여겨진다.

결국 스스로 생각한 끝에 선택한 길일 것이다. 그 선택에 대해서 왈가왈부할 필요는 없다. 그렇지만 깨달음을 얻었다고 하여 그 깨달음을 관계가 없는 민중한테 강요하는 것은 그것 자체가 무모한 일이다. 종교가가 구도의 길을 전혀 밟지 않은 인간에게 자기가 구도해서 얻은 계율 같은 것을 던져준다고 한들 어떤 의미가 있단 말인가.

03 강함을 즐겨라

힘과 능력이 있는 자가 최고의 여자를 차지한다

○

옛날 깡패들은 일반 사람들에게 결코 손을 대지 않는 깡패 나름의 철저한 규율이 있었다. 그것이 그들의 미덕이었다. 그렇다면 이제 우리는 이렇게 말할 수 있을 것이다.

'간음하지 말라'는 식의 설교는 부질없는 일이라고 말이다. 다시 한번 오늘날 남정네들의 모습을 돌이켜 보자. 모든 면에서 축소화되었으며, 성도 그 예외가 아니다.

그 결과 남자들은 성에 대해서 별로 탐욕스러워 하지 않게 되었다. 무척 담백해진 것이다. 여성을 상대로 온갖 수단을 강구하여 자신의 소유물로 만들려고 하는 사나움을 현대 남성들은 상실해 버린 것이다.

성매매나 특수한 안마를 하는 아가씨들, 그리고 살롱의 호스티스, 아가씨들의 수입이 여느 샐러리맨의 수입을 훨씬 능가하고 있다는 건 상식이다.

돈은 일종의 힘의 상징이다. 그런 점에서 볼 때 자기가 상대하는 여성보다 적은 수입의 샐러리맨이 성의 즉석 처리를 위해서 혹은 그것을 기대하며 성매매 업소 주변을 기웃거리는 것은 그저 우습기만 하다.

투쟁심이 있는 자라면 그렇게 안이한 장소에서 쉽게 처리할 생각보다는 더욱 더 다이내믹한 길을 모색해야 한다. 기회는 도처에 있다. 사람들의 물결 속을 헤쳐 걸으면서 '좋았어, 이 중에서 제일 멋있는 여자를 꾀어내겠어'하는 망상에 가까운 생각을 해보는 것도 나쁘지 않다. 물론 많은 군중 속에서 최고의 여자를 발견해 그녀를 손아귀에 넣기란 성매매나 살롱 신세를 지는 것보다는 훨씬 어렵고 힘들다. 그렇지만 힘과 능력만 있다면 해볼 만한 일이 아닌가.

투쟁하여 차지하라

○

최근 몇 년 사이에 청년기 임포텐츠(성불능) 현상이 문제가 되고 있다고 한다.

이와 같은 현상은 결국 젊은이들에게 투쟁심이 없어졌기 때문에 발생하는 것이다. 힘으로 여성을 빼앗아 올 만한 박력만 있다면 결코 이런 병에는 걸리지 않는다. 그러나 가까운 장래에 에너지 위기와 식량 위기가 현실 문제가 되어 남자들은 어쩔 수 없이 싸우지 않으면 안 되게 될 것이다. 그러면 젊은이들의 임포텐츠 현상은 모두 완치될 것이라는 단정적인 결론을 내릴 수 있겠다.

어떤 최면 심리 연구소의 조사 자료에는 청년기 임포텐츠 현상이 기록되어 있다. 그 중에서 전형적인 것 하나만을 소개하고자 한다.

여기서 간단히 설명해 두면 청년기 임포텐츠란, '신혼 임포'라는 별명으로도 불리는데, 결혼하여 비로소 확증을 얻게 되는 성불능에 대한 확실한 자각이다. 독신 때에도 증상은 있었지만 그것을 시험해 볼 용기도 배짱도 없어 그대로 방치된 상태에서 결혼에 들어가 비극을 경험하게 되는 것이다. 결혼의 형식이 대부분의 경우 중매였다는 것도 하나의 특징이었다.

실제 사례를 하나 소개해본다. 남편은 28세로 지방 공무원이며 대학을 졸업했다. 아내는 25세로 판사의 딸이었으며 전문대학을 졸업했다.

해당 연구소를 여성 잡지에서 본 아내가 남편을 데리고 왔다. 그녀는 결혼한 지 만 1년이 되었지만 섹스에서 한 번도 성공하지 못했다고 말했다.

남편은 재산가의 집에서 자란 장남으로 밑으로 여동생이 둘 있다. 어머니는 교육열이 대단하여 아들을 일류 사립대학 부속중학교에 입학시킨 이래 일류 고등학교와 대학교까지 스트레이트로

□

입학시켰다.

가정의 상황을 살펴보자. 아버지는 기계 관련 중소기업 사장으로 가정을 돌볼 시간도 없을뿐더러 밖에 첩을 두고 있었다. 따라서 가정 문제는 모두가 어머니한테 일임되었다. 장남인 그는 어머니의 무한한 사랑을 받고 성장하였다.

전형적인 '마더 콤플렉스(mother complex)'의 경우였다.

그는 대학을 졸업하자 아버지의 주선으로 지방 관청에 취직하였다. 결혼 상대는 어머니가 아는 사람이 중매하였다. 결국 그는 일찍부터 남과 투쟁하지 않아도 되는 세계로 곧바로 들어간 것이다. 그의 인생에는 남자로서 성의 기능이나 투쟁심에 직결되는 요소가 전혀 없었다. 이런 사나이가 임포텐츠에 빠진 것은 지극히 당연하다고 할 수 있다.

강한 자만이 여자를 충분히 만족시킨다

○

과거 신문을 보면 광고란에 집 나간 아내를 찾는 남편의 호소를 종종 볼 수 있었다.

"지금까지의 실수는 묻지 않겠소. 그러니 어서 돌아와 주시오. 어린애들도 이렇게 당신이 돌아오기를 매일같이 기다리고 있소. 제발 부탁이오."

이렇게 우는 목소리로 호소한다. 그야말로 불쌍하고 어이없는 광경이다.

아내가 가출해 버리는 것은 대부분 남자가 생겼기 때문이다.

남편과 자식들에게 속박당하는 것보다 새로운 남자와의 생활을 선택한 것이다. 가출한 아내들을 보면 그때까지 거의 바람을 피운 적이 없는 여성이 대부분이다. 집을 나가게 된 원인은 혁명적으로 성을 깨달았고 속박으로부터 해방되고자 하기 때문이라고 할 수 있다. 그런 일이 있는 한 호소 정도로는 쉽게 돌아와 주지 않을 것이다.

강한 남자라면 신문 광고 따위로 호소하지 않는다. 아내가 가출한 것을 오히려 다행으로 여기고 다른 여자를 집으로 끌어들일 것임에 틀림없다. 남자한테 버림받고 가출한 아내가 돌아와서 "제가 전적으로 잘못했습니다. 어떤 꾸지람이나 벌도 달게 받겠습니다"하는 식으로 사과를 한다고 해도 결코 용서해주지 않는다. "지금 그런대로 집안일이 잘되어가고 있으니까 어서 돌아가"하며 냉정하게 거절할 것이다.

하긴 그만한 힘이 있는 남편이었다면 아내는 바람이 나지도 않았을 테지만…

강한 남성, 투쟁심이 왕성한 사나이라면 아내를 충분히 만족시켜줄 뿐만 아니라 남아도는 에너지를 다른 여성에게 쏟을 가능성도 충분히 있다. 그것은 당연한 일로 자기 힘의 확인이며, 살아가는 자신감에도 연결되는 것이다. 그러한 힘이야말로 앞으로의 시대를 강하게 살아나갈 힘 그 자체가 될 것이다.

□

K씨는 월급쟁이인데 그는 평상시에도 겁이 많은 생활을 하고 있었으며, 회사에서도 소극적인 행동밖에 할 수 없는 그런 위인이었다. 그러한 그가 골프 연습장에서 상사의 부인과 만나 한낮의 정사를 나누게 되었다.

　　그런데 그 일을 계기로 그의 태도가 완전히 변화되었다. 무서운 존재였던 상사가 어쩐지 불쌍한 존재로 보이기 시작했다. 자신감이 생겼으며 자신이 팀의 책임자가 될 날도 머지 않았다고 스스로 믿게 되었다.

제3장

○
△
□

화려하게
훔쳐라

세계적으로 유명한 G.스틸(steel·강철)회사의
별명이 스틸(Steal·훔치다)인 것은 널리 알려
진 이야기다. 이 기업에 대해 잘 모르는 사람
은 독창적인 아이디어로 성장한 기업이라고
생각하기 쉬우나 사실은 그렇지 않다. 그저
잘 훔치고 잘 흉내내는 명수였던 것이다. 이
기업만이 아니더라도 훔치는 것으로 성공한
경영자는 얼마든지 있다.

01 왜 훔쳐야 하는가

도둑질 없이는 승리자가 될 수 없다

O

어떤 고매한 인격의 승려가 "내 일생은 도둑질의 일생이었다"고 회고했다.

나이 지긋한 그 고승이 말한 도둑질이란 금전이나 물건을 훔치는 행위가 아니었다. 이 경우는 지식을 가리키고 있다. 고승의 박식은 정평이 나 있었는데 그 박식은 어떤 경우에는 책에서, 어떤 경우에는 선배, 혹은 친구로부터 서슴없이 훔친 것들이었다. 그래서 스스로를 지식의 도둑이라고 하였던 것이다. 지식인 중에는 자기가 가지고 있는 지식이 스스로의 체내에서 우러나온 것처럼 행동하고 있는 자가 많다. 그러나 그런 것은 절대로 있을 수가 없다.

학문과 사상의 기본 따위는 중국에서는 제자백가 시대에 완전히 다 나왔으며 서양에서는 고대 그리스의 소크라테스 시대에 그 원형이라고 할 수 있는 것이 이미 완성되었다.

이렇게 사상의 대계(大系)는 유럽이나 아시아 할 것 없이 기원 전에 확립되었으며, 그 이후의 학문은 모두 해석학이라고 봐도 무방하다.

도둑질을 권장하면서 학문의 이야기부터 시작한 게 이상하겠지만, '악자'가 비집고 들어갈 만한 틈새가 없어 보이는 학문의 영역에서도 본질에는 도둑질이 존재했다는 사실을 말하고 싶었다. 즉 도둑질 없이는 어떠한 시대든 완전한 승리자가 될 수 없다는 것을 강조하고 싶다.

모두가 평등하게 훔치고 있다

○

오늘의 시대는 모세의 계율을 가지고는 절대로 살아갈 수 없는 구조로 되어 있다. 평생을 두고 단 한 번의 도둑질을 한 일이 없다고 큰소리를 쳐봐도 그것은 형법에 걸릴 그런 종류의 도둑질을 한 일이 없다는 의미 그 이상은 결코 아니다.

여기서 '훔친다는 것을 의식조차 못하면서 실제로는 도둑질을 거듭하고 있는 사회 체제'의 예를 하나만 소개해 보려고 한다.

대기업이 수많은 하청업체를 두는 것은 공정의 전부를 총괄할 수 없기 때문이 아니라 그렇게 하는 것이 경비 지출이 적어진다는 이익이 있기 때문이다. 그렇다면 그 이익은 어떤 식으로 해서 생겨나는 것일까.

깊이 들어가면 한이 없으므로 개괄적으로 설명하겠다. 첫째는 인건비가 싸게 먹히기 때문이며 둘째로는 제품들의 거래 가격을 최소한도로 억제할 수 있기 때문이다. 그리고 셋째로는 정점에 서 있는 그 대기업이 위기에 직면했을 때 하청업체를 잘라버릴 수 있기 때문이다.

이 세 가지는 다 같이 도둑질의 범주에 들어간다.

첫째 인건비의 경우에는 하청업체의 노동자를 싼값으로 부려 먹음으로써 그 임금을 훔치는 것이 되며, 둘째 제품 가격을 억제하는 점에서는 하청업체의 정당한 이익을 훔치는 것이 되며, 셋째 하청업체를 잘라 버리는 일에 있어서는 하청업체의 사원과 회사 그 자체의 생존권을 자기네들의 존속을 위해 빼앗아 버리는 것이 된다.

그것은 대기업이 의식하든 말든 관계없이 이미 완전히 조직화된 제도가 되었다.

더 나아가서 국가와 국가가 서로 도둑질하고 있는 것도 명백한 사실이다. 전쟁이라는 수단으로 영토를 빼앗는 것은 두말할 것도 없으려니와 평화시에도 상대국의 정보를 빼내오고 기술을 훔친다.

또한 선진국이 개발도상국가에 합병회사를 만들어 현지의 노동자들로 하여금 제품을 만들게하는 것도 분명히 헐값으로 노동력을 훔치는 행위다.

□

극히 평범하고 흔한 예를 들었지만 도둑질 없이는 우리의 생활이 완전히 성립되지 않는다는 것을 말하고 싶다.

02 무엇을 훔쳐야 하는가

훔치는 것도 능력이다

○

여기서 당대에 제일 가는 천재 도둑을 소개하고자 한다. 사업가 P씨가 바로 그 당사자다. 그는 의회의 소환을 받아 국민 앞에 모습을 드러냈는데, 일대에 세계적인 부호가 된 그 사나이의 당당한 관록은 그를 추궁하는 상원의원의 모습을 오히려 초라하게 만들었다.

총자산 2백억 달러라는 천문학적인 자산을 구축한 그늘에는 상식 이외의 방법도 있었을 게 분명하다. 월급사장은 회사를 지키는 일만으로 족하지만, 그는 배후에 체계적인 조직이 없으면서도 신속하게 일을 추진하지 않으면 안 되는 옛날식 기업가였다. 그러한 입장으로서는 윤리와 도덕심 같은 것에 사로잡힐 수가 없었을 것이다.

□

일대(一代)에 성공한 사업가들이란 대개 도둑이나 강도와 종이 한 장 차이나는 위험한 다리를 건너왔다고 단언해도 좋다.

이름을 대면 누구나 다 아는 D주식회사는 '강도 주식회사'라는 별명이 붙었을 정도이며, 남의 회사를 곧잘 가로챘던 Y산업에서는 남의 회사의 주식을 매입해서 산 액의 수 배나 되는 값으로 되사가게 하는 일을 태연하게 해냈다. 이런 식의 경영자의 이야기는 한이 없을 정도로 많다.

앞서 말한 P씨가 사업을 시작한 계기는 제2차 대전 중에 군부와 결탁한 일이었다. 주로 자동차 부품을 군에 팔았으며 종전 시에는 지금의 화폐 가치로 환산하여 7천만 달러 정도의 돈을 손에 넣고 있었다.

2차 대전 후 그는 싼 값에 내놓은 호텔들을 마구잡이로 사들였는데 이어 그는 운수 사업에도 손을 대었다. 그 운수 회사는 버스 보유 대수가 23대밖에 안 되는 작은 규모였지만 그에게는 다른 생각이 있었다. 그 회사가 가지고 있는 노선권에 대해 장래의 전망을 점치고 있었던 것이다. 그와 같은 의도를 가지고 그는 계속해서 여러 운수 회사를 차례로 흡수해 갔다.

이렇게 해서 그의 소유물이 된 회사는 89개나 되었다.

P씨가 흡수한 회사는 대부분 문제 있는 회사였다. 즉, 형제간의 추한 싸움을 벌이고 있는 호텔이 있는가 하면, 파벌 싸움과 파업으로 경영 부진에 허덕이고 있는 사업체도 있었으며, 노사 관계로 꼼짝 못하고 있는 각종 운수 회사 등도 많았다. 극한 상황에

몰려 있는 기업을 찾아가서는 불과 얼마 안 되는 헐값으로 그 회사를 손에 넣는 식이었다.

일반적으로 회사 가로채기를 악덕으로 간주하고 있지만 법률에는 하등 접촉되는 점이 없다. 정서적인 면이 강한 인간들은 그것이 비록 합법이라 하더라도 의리라든가 인정론을 들어 비난하려고 한다. "그 사장이 고생고생해 가며 쌓아올린 회사를 훔치려 들다니 지독한 짓이다"는 식의 소리를 듣게 되지만 사실은 도둑맞는 측의 약점이 오히려 더 문제가 아니겠는가.

빼돌리기와 가로채기로 내 것을 만들어라

○

P씨의 박력과 비교하면 규모가 작은 것이지만 밤의 도심지에도 도둑질이 성행하고 있다. 네온사인이 어둠을 환하게 밝히는 도심 속 사람들 가운데도 도둑이 많은 것이다.

훔치는 방법도 여러 가지가 있어 점원을 비롯하여 모든 종업원이 도둑질을 하고 있다고 봐야 한다. 그리고 도둑맞은 쪽도 이번에는 도둑맞은 것을 다시 도둑질해 오려고 하고 있다.

예를 들어 허리우드라는 나이트클럽이 있으면 그 가까이에 뉴 허리우드라는 점포를 만드는 일도 흔히 있다. 손님은 이름이 비슷한 이 가게가 원조인 줄 알고 들어 간다. 영업 정책상 상당한 이익을 얻게 되는 셈이다.

□

불법 유흥 업계도 이 유형에 속한다. 새로운 풍속으로 갑자기 나타났기 때문에 다른 업종과 비교해서 역사가 짧다. 그 때문인지 동업자에 대한 동료의식도 부족하다.

예를 들어 T거리에 A살롱이 있는데, 이 A살롱이라는 이름은 K거리에 있는 유명한 A살롱의 이름을 그대로 따온 것이다. 진짜 A살롱은 체인도 갖고 있어 매달 쓰는 광고비만 해도 어마어마하다. 그런데 T거리의 A살롱 사장이 A살롱이라는 이름을 도용함으로써 광고비를 가로챈 것이다. 신문, 잡지 등에 실리는 진짜 A살롱의 광고 기사를 자기 점포 입구에 마구 붙여 자기 살롱 광고처럼 보이게 하기도 한다.

또한 이 업계에서 호스티스 빼돌리기 작전이 성행하고 있다는 것은 거의 상식에 속하는 일이다.

야비하다 못해 이웃에 있는 같은 업종의 가게를 경찰에 고발하는 일도 있다.

경찰이 손을 대거나 세무서의 사찰이 들어가게 되면 영업정지에 이어 탈세 추징금이라는 이중 펀치를 맞아 때로는 도산 지경에 몰리게 된다. 그때 고발 당사자가 갑자기 나타나 헐값으로 그 살롱을 매입하기도 한다.

네온이 반짝이는 곳에서 생활하는 사람들의 신분 보장은 전혀 없다고 해도 과언이 아니다. 성적을 올리지 못하면 이내 목이 잘리고 만다. 그들은 소모품인 것이다. 아무리 내쫓아도 후보자가 얼마든지 있기 때문에 경영자는 조금도 곤란할 게 없다.

그렇다고 경영자라고 해서 당하지 말라는 법은 없다. 경영자가 종업원에게 당하는 경우도 있다. 실제로 있었던 일인데 M카바레는 경영 상태가 부진해지자 사장은 책임을 물어 지배인을 해고시켰다. 지배인은 의외로 순순히 물러났는데 나중에 알고 보니 250명이나 되는 호스티스 중 약 절반을 그가 다른 데로 빼돌려 버린 것이다. 그 카바레가 결정적으로 타격을 입었음은 말할 나위도 없다. 그 지배인은 호스티스를 훔쳐 가는 일로 멋있게 사장에게 복수를 한 셈이다.

쫄려도 편먹기

○

의외의 도둑, H씨를 소개해 본다. 의외라는 표현을 쓴 것은 그 H씨가 앞서 말한 P씨와 전혀 다른 형태의 인물이기 때문이다.

중진급 상원의원인 H씨는 재무부 차관까지 지낸 경력의 소유자로서 외양으로 본 그의 인격은 후덕하고 겸손하며 청렴결백하다. 그는 실제로 많은 돈을 가지고 있지 않지만 의원 출마 때 엄청난 선거 자금을 뿌려 세상 사람들을 어리둥절하게 한 일이 있다.

그렇다면 H씨의 능력은 무엇이었을까? 간단하다.

그는 힘있는 권력층과 깊게 밀착되어 있었던 것이다. 그는 지금까지 줄곧 남의 손을 빌려 차관 자리, 의원 자리를 훔쳐온 것이었다.

고급 관료들은 누구나 정치가와 직접적으로 관련을 가지고 있다. 얼마나 힘 있는 정치가의 핵우산(核雨傘) 속에 있느냐 하는 것이 문제가 된다. 정치가의 안중에 제대로 들어 차관의 자리를 훔치게 되면 다음은 장관에서 위정자의 길까지 트인다. 고급 관료에서 정치가로 전진할 수가 있는 것이다.

그런데 차관이라는 의자는 제한되어 있다. 차관의 임기가 2년이라고 하면 그 부에서는 2년에 한 번 밖에 기회가 돌아오지 않는다. 따라서 경쟁이 격해지는 것도 당연한 것이다. 그 때문에 온갖 책략을 다 동원해야 한다.

H씨가 재무부 차관까지 승진할 수 있었던 것이 당시의 거물급 정객이던 D씨가 뒤를 봐줬기 때문임은 천하가 아는 사실이다.

그런 그가 차관 자리에 있는 동안 유명한 록히드 사건이 폭로되었다. 관련자 D씨는 즉각 재무부의 H씨에게 협력을 요청했고 H씨는 이를 흔쾌히 받아들였다.

이때의 논공행상(論功行賞)으로 인해 후일 그가 의원으로 출마했을 때 그의 선거 비용 일체를 D씨가 대주었던 것이다.

다시 말해서 H씨는 능력 있는 D씨의 힘과 돈을 이용하여 차관 자리 및 상원의원 자리를 멋있게 손에 넣었다고 해도 좋다. 하나 더 말해 두자면 H씨는 당시 남자라면 누구나 한 번은 군침을 삼키던 미인 여배우를 간단하게 손에 넣었다.

결코 섣불리 봐서는 안 될 '도둑의 명인'이라고 할까?

△

어떻게 훔쳐야 하는가

빼앗기고 울지 말고 빼앗고 웃어라

○

지금까지 H씨의 예를 들었다. 본인이야 어떻게 생각하든 이쪽에서는 그의 도둑질하는 기술과 배짱을 최대한으로 칭찬한 셈이다.

물론 그런 사람들이라 하더라도 칭기즈칸, 나폴레옹, 히틀러와 같은 초대형의 도둑과 비교하면 규모에 있어서 문제가 되지 않을 정도로 작다. 결국은 돈, 지위, 여자로 결말 맺어진다. 그런 점에서 이 세 사람의 초대형 도둑은 세계를 훔치려고 하였으니 그야말로 그 이상의 도둑질은 없을 것이다.

어떻든 지금의 사회 조직이 서로 훔치는 일로 성립된 이상 우리는 도둑으로서 철저해야 하지 않을까. 지식, 기술, 정보, 돈, 여자… 무엇이든 훔쳐 자기 것으로 만들겠다는 근성이 필요하다. 그러한 근성은 앞으로 살아가는 데 있어 구하기 어려운 활력소가 될 것이며 훔쳐서 자기 것으로 만든 유형, 무형의 것들도 매우 강력한 무기가 될 것임에 틀림없다.

그렇다면 앞으로 화려하게 도둑질을 해야 하지 않겠는가.

훔치지 못하는 인간에게는 매력이 없다. 아무래도 탐욕스러움이 결여되기 때문이다. 게다가 박력도 부족하다. 그것은 사랑과 섹스의 세계에서도 마찬가지임을 명심해야 한다.

애인을 빼앗기고 질질 짜는 사나이보다 빼앗는 쪽에 갈채를 보내고 싶다.

여자란 남자 여하에 따라 어떻게라도 되는 존재인 동시에 방심하고 있으면 빼앗기는 게 당연하다. 훔치는 대상이 남자인 경우에도 모름지기 같을 것이다.

남의 남편이든 애인이든 빼앗아 버리는 쪽이 빼앗기는 쪽보다 훨씬 더 매력적인 게 세상의 이치다.

싸우지 않으면 성적 능력을 잃게 된다

○

대부분의 동물은 암놈을 중심으로 격렬한 투쟁을 되풀이한다.

싸움에 지면 욕정의 처리가 전혀 불가능하다. 인간은 여자를 중심으로 한 싸움에서는 비록 패하더라도 돈으로 보상받으면 어느 정도 만족할 수도 있다. 그러나 동물은 본능이 명하는대로 목숨을 걸고 암놈을 손에 넣지 않으면 안 되므로, 이쪽이 훨씬 잔혹하다.

그렇지만 그런 잔혹한 시스템 덕택에 그 동물의 유전적 개체가 보다 강건해지는 것이다. 이것이 자연도태라는 것인데 자손이 자연계에서 살아나가기 위한 어쩔 수 없는 양상이기도 하다.

물개의 경우 수놈 한 마리가 450마리의 암놈을 지배한다. 싸움에 패배한 수놈은 동정인 채로 평생을 살아가지 않으면 안 된다. 종자를 남기는 것은 완력 싸움에서 승리한 한 마리뿐이며 이것이 종의 보존이라는 자연의 섭리에도 맞는다고 할 수 있다.

인간 사회는 점차 동정이 늘어가고 있다. 성의 혼돈이 우려된다. 도저히 이해하기 어려운 현상이다. 앞서 소개한 최면 심리 연구소의 조사에 의하면 25세까지의 청년 중 30%가 미경험자라고 한다. 같은 나이의 여성에서는 20%가 미경험자로 되어있다.

이러한 수치정보로 판단되는 것은 한 사람의 강한 남성이 여러 여성을 동시에 정복하고 있다는 이야기가 된다. 이것을 '인간의 물개화 현상'이라고 하면 지나친 표현일까?

현재 사회 문제가 된 '청년기 임포텐츠(성불능)'에 대해서는 이미 언급한 바 있다. 동 연구소에는 매일 몇 명인가의 젊은이가 상담차 방문해 온다. 원인은 유아기의 과보호에 있었다. 과보호 속에서 사람은 인간다운 투쟁심을 상실해 버리는데 이와 같은 투쟁심의 결여는 여성에 대해서도 그대로 나타나며 그 결과로 성능력을 잃게 되는 모양이다.

□

"남의 여자를 훔칠 정도의 기력이 있다면 결코 임포텐츠가 되지 않습니다. 최근에 절실히 느껴집니다만, 가까운 장래에 지구에 일대 위기가 도래하는 때를 대비하여, 조금이라도 강한 인간을 탄생시키려고 하는 자연계의 힘이 작용하고 있는지도 모릅니다. 왜냐하면 약한 인간이 자꾸 생겨나는 걸로 봐서…"

동 연구소 소장의 말이다. 임포텐츠에 걸린 남자를 억지로 치료하여 약한 인간으로 태어나는 자손을 세상에 배양하는 것보다 소수의 강한 사나이에게 종자를 보존시키도록 하는 것이 자연의 추세인지도 모른다.

훔침이 곧 강함이다

○

여기서는 비즈니스맨 세계의 훔치는 기술에 대해 약간 언급해 두려고 한다. 새삼스럽게 말할 것도 없지만 도둑질에 대한 장려를 길게 한 것은 절도범이 되라는 사주가 아니다. 다만 비즈니스의 세계에서 교활하고 힘차게 살아가기 위해서는 도둑질의 기술을 자기화해야 한다는 엄한 현실을 알려주기 위해서다.

첫째로 어떠한 수단으로든지 정보를 훔치는 일이 중요하다. 새로운 기술의 개발, 타사의 동향, 경제적인 움직임과 같은 전통적인 것은 물론이지만 상사의 스캔들, 동료의 숨겨진 실수, 여자 사원과의 비밀 연애 등 형이상학적인 일에서부터 형이하학적인 일까지 풍부하게 정보를 입수해둬야 한다.

그러기 위해서 때로는 성을 이용하는 일도 있을 것이며, 미행, 도청 등과 같은 탐정 비슷한 행위도 필요할지도 모른다. 그로 인해 필요한 금전적, 육체적 투자를 아껴서는 안 된다. 왜냐하면 정보가 있으면 절대 지지 않는 게 현대 사회의 철칙이니까.

〈오징어게임〉에서는 이런 정보의 중요성이 빛을 발하는데, 미리 정보를 알면 게임에서 이길 수 있기 때문에 기를 쓰고 이를 알아내고자 하는 인물들이 묘사된다. 새벽은 목숨을 걸고 화장실 환풍구로 들어가 게임의 정보를 알아낸다. 또 장기적출을 하는 의사 병기는 장기매매 동료가 게임의 정보를 알려주지 않자 총을 빼앗아 겁박한다. 게임 정보를 미리 알면 게임에서 이길 수 있기 때문이다.

둘째로 라이벌의 장점을 솔직하게 평가하여 그 장점을 훔치는 일이다. 개인의 능력에는 한계가 있다. 아무리 힘써 공부하고 서적이라든가 각종 매체를 통해서 계속 공부한다 하더라도 개인의 발상에는 한계가 있다. 그렇게 때문에 비록 상대방이 아무리 미운 존재라 하더라도 라이벌의 뛰어난 점을 제대로 평가하여 그것을 자기 것으로 만들도록 노력할 필요가 있다.

세계적으로 유명한 G.스틸(steel·강철) 회사의 별명이 스틸(Steal·훔치다)인 것은 널리 알려진 이야기다. 이 기업에 대해 잘 모르는 사람은 독창적인 아이디어로 성장한 기업이라고 생각하기 쉬우나 사실은 그렇지 않다. 그저 잘 훔치고 잘 흉내내는 명수였던 것이다. 선구적인 제품이 등장하게 되면 이 기업은 수치와 경멸을 무릅쓰고 아이디어를 도용하여 이 제품을 물리쳐 버렸던 것이다. 이 기업뿐 아니라 스틸(Steal), 즉 훔치는 것으로 성공한 경영자는 얼마든지 있다.

셋째로 부하의 공적을 훔치라는 이야기다. 당신 혼자의 능력으로는 미치지 못하는 업적이 부하의 끈질긴 노력으로 성취되는 일이 적지 않을 것이다. 이럴 때 그 공적을 당당히 혼자서 차지하는 힘을 가져야 한다.

"이번 계약을 성립시킨 데는 부원인 미스터 A의 분투에 힘입은 바가 크다. 이 성공은 모든 게 그의 공적이다"라고 말하며 잘난 체하고 겸양의 미덕을 발휘하는 사람이 있다. 언뜻 보아 깊이가 있는 사람 같이 보이지만 착각도 이만저만이 아니다. 우선 그 부하를 재치있게 기용하여 일을 맡긴 것은 그 상사의 재능이었다는 것을 잊어서는 안 된다. 상사의 영단(英斷)이 있었음으로 인해 그 부하도 심기일변하여 보람으로 여기고 계약을 성립시키기 위해 매진했을 뿐이다.

당신의 부하가 제출한 계획이 채택되어 회사의 업적이 크게 기여한 경우도 마찬가지다. 부하의 계획을 채택하여 그것을 실행에 옮긴 것은 당신의 책임 아래 이루어진 일이다. 만약 실패했을 경우에는 당신 자신이 책임을 뒤집어쓰지 않으면 안 된다. 따라서 성공했을 때의 공적 역시 당신이 차지해도 좋다는 등식이 성립한다.

끝으로 다소 의표를 찌르는 것 같아 주저되지만, 자신에게 보다 더 큰 자신감을 안겨주기 위해 동료라든가 선배의 연인을 기회가 있으면 적극적으로 훔치라고 권유하고 싶다. '나는 불륜에는 빠지고 싶지 않다'며 대범한 척하지 말아라. 그럴싸한 기회를 포착하여 공격해봐야 한다. 뜻밖에 간단히 함락할지도 모르는 일이다.

비도덕적인 위험을 한 번 범하고 나면 당신의 생활 방식은 완전히 달라져 버릴 게 분명하다. 지금까지 콤플렉스를 느껴왔던 일이 아무렇지 않게 느껴질 것이다. 사실은 간음 그 자체가 가져다 주는 기쁨보다도 그것이 가져다 주는 자신감이 더 큰 이익이다.

제4장

○
△
□

마키아벨리즘의 실천

엉거주춤하면 커다란 화근이 되어 돌아온다는 것을 마키아벨리는 이미 간파하고 있었다. 미지근하게 불온분자를 한 사람이라도 살아남게 해두면 마침내 그 한 사람이 이를 갈다가 대항해 온다는 것을 충고한 것이다.

비정함의 끝

방해가 된다면 죽여라

○

15세기에서 16세기에 걸쳐 활약했던 이탈리아의 정치 사상
가 마키아벨리의 이름은 그의 유명한 저서 《군주론》과 함께 불멸
일 것이다. 피렌체의 가난한 귀족의 아들로 태어난 그는 당시 이
탈리아의 정치적 분열과 부패에 대해서 자신의 정치 이론을 《군
주론》으로 정리해 대책을 제시하였다.

권모술수를 포함한 실용적인 통치 수단을 낱낱이 공개한 이
책은 많은 위정자와 권력자들에게 충격적인 영향을 끼쳤다. 그의
이름에서 파생된 마키아벨리즘(Machiavellism)이란 통치 이론은
'권모술수주의'란 명칭으로도 불리운다.

《군주론》 속에는 많은 명문구와 격언이 있지만 그중에서도 가
장 인상적인 부분은 제3장에 있는 폐위된 군주(전 영주)의 혈통은

완전히 말살하지 않으면 안 된다는 부분이다.

당시의 이탈리아는 영주가 각기 한 지방씩 차지하고 있는 상태로 서로가 끝없는 항쟁을 되풀이하고 있었으며 하나의 영토 안에서는 눈부신 정권 교체가 이루어지고 있었다.

이러한 항쟁에 종지부를 찍고 로마적인 가치관 아래 이탈리아를 통일하려는 의도를 발표한 것이 바로 이 마키아벨리의 이론이었다. 말하자면 '난세를 살아나가는 지혜의 집대성'이라고 해도 좋다. 물론 오늘날의 사회에서는 실정에 맞지 않는 점이 상당히 많기는 하다.

마키아벨리의 사상을 요약하면, 사람의 본성은 성악설에 입각해 있다는 것이다. 그리하여 스스로 싸워 이겨 야망을 달성하기 위해서는 온갖 권모술수를 다해야 하며 일체의 온정을 배제해야 한다고 역설하고 있다. "눈 위의 혹이 되는 존재는 모두 죽이라"는 것이다.

엉거주춤하는 순간에 커다란 화근이 되어 돌아온다는 것을 마키아벨리는 간파하고 있었다. 미지근하게 불온분자를 한 사람이라도 살아남게 해두면 마침내 그 한 사람이 이를 갈다가 대항해 온다는 것을 충고한 것이다.

정치가를 비롯해 군인 및 기업가 중에는 마키아벨리의 이론을 받아들인 사람이 많다.

자신의 이익과 조직을 유지하기 위해 방해가 되면 죽이라는 식의 이런 사상을 결코 마키아벨리가 역사상 처음으로 제창했다고는 할 수 없다.

사소한 정을 버려라

O

역사에 이름을 남긴 인물들은 결단이 필요한 장면에서는 결코 인정을 베풀지 않았다. 인간이기 때문에 어느 정도의 정은 있었을 것이다. 그러나 사소한 인정을 베풀지 않기 위해 노력했다. 그런 인정은 미래의 커다란 구상을 위해서 날려보내지 않으면 안 된다고 생각했다.

예를 들어 "울면서 마속(馬謖)을 벤다"는 말이 있다.

마속은 중국 삼국시대 촉 나라의 유명한 정치가였던 제갈공명이 가장 신임하고 사랑했던 무장이었다. 특히 그는 전쟁 때마다 눈부신 무공을 세워 공명의 측근으로서 없어서는 안 될 인물이 되었다. 그런데 마속이 군규를 위반하여 위나라로 쳐들어가는 과오를 저지르고 말았다. 더군다나 운 나쁘게 그 싸움은 패전으로 끝나고 말았다.

'오직 제갈공명을 위해'라는 충성심에서 우러난 군규 위반이었으며 공명도 그 사실을 잘 알고 있었지만 군의 규율을 지키기 위해서 그를 용서할 수가 없었다. 그리하여 제갈공명은 울면서 그를 처형하고 말았던 것이다.

이런 종류의 일화는 특히 일본에 많았다. 도요토미 히데요시도 개인적인 인정보다 조직의 규율을 택한 바 있다. 그는 자신이 평소 아끼던 누이의 아들을 양자로 삼아 한때는 양아들에게 자신의 자리를 양보하고 뒤로 물러난 적도 있었다. 그런데 이 양아들의 성품이 좋지 않았다. 히데요시는 그를 귀여워했으므로 여러 차례에 걸쳐 그를 타일렀으나 결국에는 "더 이상 행동을 고치지 않으면 처형할 테니 그런 각오로 있으라"고 엄격히 말했다.

그렇지만 양아들의 망나니 짓은 고쳐지지 않았다. 살생이 금지된 산에서 노루 사냥을 하는가 하면 사소한 일로 요리사와 그 감독자를 죽이기까지 했다. 히데요시의 여러 차례 충고도 소용없었다.

히데요시는 이대로 가다가는 신하들을 다스려갈 수가 없다고 판단하여 하는 수 없이 양자를 추방하고는 자결하도록 했다. 양자의 측근 5명과 처첩 30명도 동시에 처형되었으며 아들의 목을 효수하는 준열한 처단을 내렸다.

핏줄이라도 장차 화근이 된다면 완전히 근절하라

○

그러나 그러한 히데요시도 죽음이 다가오자 자신의 친자식인 히데요리 문제에는 어쩔 수 없이 비굴한 일면을 보였다. 그는 병상서 다섯 가신의 우두머리 격이었던 도쿠가와 이에야스에게 울면서 아들을 보호해 달라고 부탁했다. 그러나 이에야스는 히데요시가 죽기 전 병상에서 한 부탁을 간단히 배반하였다.

이에야스는 기회를 보고 마침내 히데요시의 아들을 그의 어머니와 함께 없애 버렸다. 그는 자신의 천하통일을 위해서는 히데

△

요시의 핏줄을 이어받은 자의 존재가 언젠가는 화근이 된다는 것을 잘 알고 있었던 것이다.

　현실적으로는 이에야스가 그들을 죽이지 않아도 그다지 큰 영향은 없었다. 그럼에도 불구하고 그들의 숨통을 잘라버린 것은 장차의 화근을 완전히 근절시키려 했기 때문이다.

잔혹함의 마무리

상대방을 철저하게 부수라

○

명령을 충실히 이행하지 않는 자, 장차 자신에게 공격을 가해 올 염려가 있는 자, 혹은 많든 적든 간에 반항심을 표현한 자, 이러한 무리들을 가능한 한 빠르게 말살해 두라는 것을 거듭 강조하는 바다.

그러나 현실에서 사람을 죽이는 일이 허용되지 않는 것은 물론이다.

현대 사회에서 말하는 살해하라의 뜻은 상대방을 완전하고 철저하게 때려 부수라는 의미로 받아들이면 충분하다. 상대방에게 두 번 다시 일어날 수 없도록 손상을 주어 눈앞에서 사라지게만 하면 좋을 것이다.

그러한 의미에서 살해를 전제로 하고 싸우는 요령도 알아두

△

지 않으면 안 된다. 싸움이 서툴면 반대로 자기가 말살될 염려가 있다. 따라서 항상 자기자신의 힘을 닦아 놓는 한편 상대방의 약점을 철저하게 연구해 두는 것도 중요한 과제가 될 것이다.

한 번의 실수도 용서하지 말라

○

비즈니스맨의 사회라면 무엇보다도 부하와의 관계에 있어서 분명히 선을 그어두는 것이 필요하다.

모든 부하를 좋아하는 상사만큼 어리석은 존재가 없다는 것을 알아둘 필요가 있다. 부하가 실패하면 이를 감싸주고, 하고 싶은 말에 대해서는 착실히 귀기울여주며, 반항하여도 같이 생활해 나간다. 부하에겐 그야말로 고마운 상사이긴 하다.

그러나 결론부터 먼저 말하면 이러한 상사는 결국 그 자신이 손해를 보는 일이 많을뿐더러 부하를 위해서도 참다운 의미의 좋은 상사라고도 할 수 없다.

실패하면 철저하게 책임지게 하고 반항은 일체 허용하지 않으며 달콤한 말은 일체 하지 않는 그러한 상사는 표면상으로는 꺼려지는 것 같아 보일지도 모르지만, 그 힘에 대해 부하는 마음속에서 진심으로 충성을 맹세하는 일이 많다. 요컨대 상사의 입장에서 말한다면 부하들이 두려워하는 존재가 되지 않으면 안된다.

□

마키아벨리 또한 그의 저서 《군주론》 제17장에서 부하한테 사랑을 받는 것보다 두려워하게 만드는 쪽이 훨씬 안전하다고 설명했다.

부하가 두려워하는 존재가 된다면 자신의 의견을 관철하기도 어렵지 않다. 부하한테 어떤 부탁을 받는다던가 연말에 부하가 틀림없이 선물을 해온다든가 하는 그렇게 사소한 일에는 일체 신경을 쓰지 않는 것이 좋다. 자기에게 손해를 끼쳤으면 이유를 불문하고 벌을 주지 않으면 안 되는 것이다. 자신이 보다 더 강한 존재가 되기 위해서는 그 부하를 철저하게 밑에 둬야 한다. 이렇게 하면 부하와의 사이에 엄숙한 신뢰 관계가 탄생할 것이다. 상사가 출세함으로써 그 부하도 커다란 이익을 얻게 된다.

비즈니스맨의 세계에서는 단 한 번의 실수로 직위를 박탈당하는 경우가 많다. 그 일이 크면 클수록 타격 또한 크다는 것은 새삼스럽게 말할 필요도 없다.

비록 그것이 악의가 없는 부주의한 실책이라 하더라도 용서할 수는 없다. 한 번 실패한 인간은 두 번 실패할 확률이 높다는 것을 인식해둘 필요가 있다. 엉거주춤한 온정이 사람을 망친다.

부하를 칭찬한다는 것은 누구나 할 수 있는 쉬운 일이다. 칭찬하는 말은 듣기에 기분 좋으나 칭찬하는 사람이나 칭찬받는 사람이나 다 같이 정신적으로 안이한 상황에 놓이게 된다. 이에 비해 엄하게 야단친다는 것은 무척 에너지가 드는 행위다. 꾸짖는 데는 당연히 상대방의 반발을 예상하지 않으면 안 된다. 꾸지람을 받은 당사자가 불만분자들을 규합해서 대항해 오는 일도 있을 것이다.

그러나 그러한 반발을 한층 더 사나운 힘으로 일축해 버린다면 아무리 사나운 야생마라고 해도 제대로 길들여질 것이다. 그래도 안 될 때는 즉석에서 해고해 버리거나 좌천을 명해야 한다.

타협하지 말라

○

그렇게 엄한 분위기 속에서 자라난 부하는 유능하며 배반하지도 않는다. 필벌(必罰)이라는 여과기를 지나왔으므로 신경은 항상 긴장 상태로 있다. 그리하여 하나를 말하면 열을 깨달을 수 있는 존재가 된다. 각종 기회를 포착하여 자신에 대한 충성도를 증명하려 하고 불합격자는 알아서 죽여버릴 것이다.

그러한 환경에서 살아남은 부하야말로 스스로 키운 부하가 되는 것이며 심복이 되는 것이다. 그리고 당신은 당신이 키운 그 부하 이외에는 아무도 신용해서는 안 된다.

스스로 키운 부하의 일을 적극적으로 밀어주는 것은 물론이고 또 하나의 용도는 자기에게 필요한 각종 정보를 그들로 하여금 수집하게 하는 일이다.

우리 사회는 정보가 한층 더 중요한 구실을 하게 되었다. 그런 세상에서 힘차게 살아남기 위해서는 경쟁 상대보다 더욱 많은 정보를, 동시에 소상한 정보를 가질 필요가 있다고 여러 차례 지적한 바 있다. 그러다 보면 자기를 밀어내려고 하는 계략의 싹을 느끼게 된다. 이때 자신의 스캔들이 폭로될 것 같은 기미를 느끼게 되면 즉각 반격에 나서야 한다.

그와 같은 반격에는 자신이 스스로 키운 부하들이 모아 온 정보가 커다란 무기가 될 것이다.

그리하여 일단 계략을 꾸민 상대방과 전투를 시작했으면 죽일 때까지 중단해서는 안 된다. 안이하게 타협하게 되면 나중에 반드시 후환이 되어 돌아온다.

라이벌은 철저하게 짓밟아라

○

비즈니스 정쟁에서 '철저하게 죽인 사나이'로는 세계적으로 유명한 M백화점의 G사장이 있다.

그는 백화점 업계에서는 드물게 보이는 월급쟁이 출신 사장인데, 그의 권력은 황제라는 별명이 붙었을 정도로 어떠한 창업자나 사장도 당하지 못했다.

이전 사장의 양도로 계약직 사장이 된 그는 사장 자리에 앉자 이내 그 백화점을 자신의 것으로 만들기 위해서 온갖 지략과 모략을 다 구사하기 시작했다.

계약직 사장의 자리라고 하는 것은 강력한 라이벌이 존재하는 한 안전하다고 할 수 없다. 더구나 주주들이란 바람기가 많기 때문에 언제 사장의 자리에서 물러나라고 할지 모르는 일이다. 그러한 사실을 알고 있어도 평범한 사장은 제대로 손을 쓰려고 하지 않는다. 그런 사람의 밑바닥에는 자신의 라이벌도 자신과 똑같은 고생을 해왔으니까 하는 온정주의가 깔려 있기 마련이다.

그렇지만 G사장은 그렇지 않았다.

그는 취임 후 얼마 되지 않아 강력한 라이벌 소탕 작전에 나섰다. 유능한 인재를 뿌리채 소탕할 때까지 8년의 세월이 걸렸고 그 8년이 지나고 나자 그에게 대항하여 사장의 자리를 노릴 수 있는 자는 한 사람도 남아 있지 않게 되었다.

우선 그는 유력한 대항자였던 A씨를 M백화점과 전혀 관계 없는 다른 백화점으로 쫓아 버렸다. 당시 A의 전입에 대해 매스컴에서는 화려한 전출, 어쩌고 떠들어 대기도 했지만 실제로는 A씨가 M백화점에 있을 수 없도록 G사장이 만들었던 것이다.

또 고참인 B씨를 추방하는 서곡으로서 우선 그를 한직으로 좌천시켜 스스로 사임하도록 만들어 버렸다. B는 G사장의 선배이기도 하여 여러 가지 면에서 같이 일해 나가기가 거북한 사람이었던 것이다. 이어 후배로서 재치가 있는 것으로 알려진 C씨 또한 타업종의 계열사로 옮겨 가게 만들었다.

인재가 있다면 숨통을 끊어라

O

8년이 경과한 다음 회사를 둘러보니 눈에 띄는 인재는 거의 없게 되었다. 이렇게 되고 보니 사장이 다소 실수를 해도 사장의 자리는 꿈쩍도 하지 않았다. 뒤쫓아오는 인간이 한 사람도 존재하지 않았기 때문이다. 그 때문에 사장의 의지는 철벽의 아성이나 다를 바 없었다. 필연적으로 그는 권력 있는 사장이 되었다. 아무하고도 의논하지 않고 어떤 일이든지 처리할 수가 있었던 것이다.

그러한 그도 밖에서의 평은 지극히 나빴다. 외부에서의 평이 얼마나 나빴는가 하는 점은 그 사장의 야비한 수완이 공정거래 위원회의 규탄을 받은 것으로도 알 수 있다. 게다가 여성과의 스캔들 문제로 업계가 떠들썩하기도 했다. 사내에서의 평도 밖에서의 평 못지않게 나빴지만 내부에서의 평은 문제가 되지 않았다.

이 정도면 벌써 주주총회에서 철저하게 G사장을 추궁하며 인책 사임으로 이어지는 게 당연한 것이었다. 그러나 그것은 일반적인 월급 사장의 경우일 뿐 그에게는 전혀 관계가 없었다. 그를 대신할 만한 인재가 전혀 눈에 띄지 않았을 뿐만 아니라 대주주나 총회꾼들을 구슬려 놓았으므로 조금도 파문이 일지 않았다. 더구나 사내에 남아 있는 직원은 대개가 심복들이었다.

그의 살해 전법의 요점은 '반 죽임'이 아니고 뼈까지 몽땅 부숴버리는 데 있다. 유능하다고 여겨지는 인재를 온정이라는 이름으로 사내에 남겨놓게 되면 언젠가는 기회를 보아 반격해올 게

△

틀림없다. 반격이 불가능하게 하기 위해서도 몸과 목을 잘라 떼어 놓으면 좋다는 이야기가 된다. 상처를 입은 사자만큼 무서운 것은 없지만 죽은 사자는 가죽을 남길 뿐이다.

지금 그의 경쟁자들은 자기들이 떨어져 나간 그곳에서 각기 눈부신 업적을 올리고 있다는 이야기다. 그들에게는 본래 실력이 있었으니까. 한편 그렇기 때문에 G사장은 그들을 '죽인' 것이다.

확인 사살까지 놓치지 마라

O

상대방을 완전무결할 정도로 때려눕히겠다는 말에 비난의 눈 초리를 보내는 사람도 있다. 상대방에 대해서 적당히 베풀어 주고 인정을 쏟아 주는 것이 인간적인 방법이라고 생각하는 것 같다. 이러한 사고 방식은 대중들의 호평을 받을 수는 있을 것이다.

그렇지만 비틀대는 상대방의 마지막 숨통을 끊어 놓을 때까 지 결코 공격의 손을 놓아서는 안 된다. 때려눕힐 때 완전히 때려 눕히지 않으면 안 된다. 죽었다고 여겨지는 상대가 소생하여 반격 을 가해올 때도 있다. 죽은 말에 차인다는 옛말의 예는 얼마든지 있는 것이다. 인간의 싸움이란 사나운 면이 있다.

지금의 우리들은 전쟁이란 것이 어떤 것인지 조차도 잊어가고 있다. 싸움이라는 것의 본질을 잊어버리고 있는 것이다. 오랫동안 계속돼 온 평화와 복지라고 하는 사회의 이중보호에 의해, 분노를 느껴 일어서려고 하는 의지조차 줄어들고 있다.

그러나 반대로 말하면 안락한 생활에 빠져 있는 사람들이 많을수록 상대방을 죽이는 정도의 기백을 가진 인간은 힘을 발휘할 만한 기회가 많다고 할 수 있지 않을까. 세상이 한층 더 각박해져 싸움에 눈뜨는 사람들이 늘어나기 전에 재빨리 투쟁의 방법을 익히는 쪽이 훨씬 유리하다.

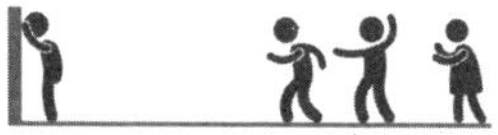

제5장

○
△
□

마음껏 비판하고
혹평하라

현대의 비즈니스 사회에서는 결코 침묵이 금
이 아니라는 것을 알아둘 필요가 있다. 그저
잠자코 있는 것은 목숨을 빼앗기는 결과가 되
어버린다. 주장할 것은 주장하고 공격해야 할
것은 소리 높여 공격해야만 살아남을 수 있는
시대다.

01 침묵하는 자는 빼앗긴다

떠버리는 어중간하게라도 살아남는다

○

교언영색(巧言令色)이란 말이 있다. 교묘하게 말을 잘하고 표정으로 겉치레함을 뜻한다. 그래서 예부터 '교언영색이 없는 사람'을 진실한 사람, 성실한 사람이라고 말해왔다.

그밖에도 "말이 많으면 입의 실수가 많고 사람한테 미움을 받으며 화를 불러들인다. 가장 좋은 것은 침묵이다"라며 말을 적게 하라고 권유하기도 한다. '입은 재난의 근원'이라든가 '웅변은 은이요, 침묵은 금이다'라는 격언이 있다.

가볍게 입에서 튀어나간 한마디 말이 일신의 파멸을 초래한 일이 지금이나 옛날이나 흔히 있었다. 그래서 입을 조심하도록 타이르는 말이 많이 만들어진 것이다. 또 말이 많은 경박한 사람은 여러 면에서 신용하지 않는 풍조가 있는 것도 확실하다.

□

그러나 오히려 옛날부터 말을 적게 하라고 권유한 이면에는 말이 지니고 있는 파괴적인 위력에 대한 두려움이 있었기 때문이라는 것도 부정할 수 없다. 말은 때로 흑(黑)을 백(白)이라고 설득하는 일도 가능하며 무능한 인물을 어처구니 없이 크게 보이도록 하는 것도 가능하다. 혹은 민중을 말로 선동하여 지배자를 추방할 수도 있다. '떠벌리지 말고 잠자코 있어'라고 권하는 수많은 격언이나 속담의 이면에는 이러한 말의 마성(魔性)에 대한 두려움이 있었던 것이다.

현대 사회에서도 말의 위력은 조금도 쇠퇴해 있지 않다. 오히려 발언할 장소가 많아졌으므로 그 힘은 더 커졌다고 해도 좋다. 이 책에서 주장하고 있는 지혜의 대부분이 말을 다루듯 오늘날의 싸움은 대부분이 말을 무기로 하고 있다는 것을 잊어서는 안 될 것이다. 지껄이든 쓰든 어떤 수단이라도 좋다. 말은 우리의 최대 무기라는 것을 알고 이를 최대로 활용해야 한다.

말은 여기저기서 범람하고 있다. 신문, 잡지, 책, 라디오, 텔레비전 등 말의 전달 수단은 과잉이라는 표현으로도 부족할 만큼 무섭도록 발달하고 있다.

이러한 메커니즘이 구축되어 있는 이상 침묵을 지킨다는 것은 기회적 측면에서 커다란 손해를 가져온다는 것은 분명한 사실이다. 침묵하는 주인공이 정의 쪽에 섰다고 하더라도 말이 많은 인간에게 언젠가는 당하고 만다. 〈오징어게임〉 속 떠버리 캐릭터는 바로 주인공 기훈 자신이었다. 그가 자신의 세력을 규합했을 때도 덕수의 악행을 공론화하여 그들을 경계대상으로 만들었을 때도 그의 무기는 말이었다. 그것이 현대 영웅의 진실한 모습이다.

바야흐로 싸우는 사람들은 거의 예외없이 말을 잘한다. 투쟁과 말은 동의어라고 해도 무방한 정도다.

혓바닥으로 목숨을 건지다

O

몇 백 명의 목숨을 쥐락펴락하는 대기업 주주총회에서 우리는 이를 쉽게 볼 수 있다. 주주들은 수집한 정보를 폭로함으로써 경영자들을 꼼짝 못 하게 만드는가 하면, 반대로 털면 먼지가 나는 경영자 쪽을 보호하는 입장에 서기도 한다. 이때 무기는 오직 말 하나다. 상대방을 위압하는 담력과 함께 반론을 용서하지 않는 유창한 화술이 주 무기다. 이런 경우 상대방을 굴복시키는 논리를 재치 있게 전개할 수 있느냐는 것이 문제다.

어떤 잡지에서 카빈 총격 사건을 일으킨 범인의 수기가 소개되었다. 사형 판결을 받은 범인이 상고심에서 지능을 최대로 활용하여 재판관을 상대로 멋지게 변명하였다. 그 결과 그는 사형을 면하게 되었다. 이런 경우를 보면, 법률적 양식도 말로써 충분히 달라질 수 있다는 것을 알 수 있다.

당초 범인은 변호사에게 자기 문제를 일임하였다. 그러나 그런 식으로 변호사에게 맡겨 버리는 일이 자기한테 지극히 불리하다는 것을 깨닫자 3년에 걸쳐 자신을 스스로 변호하는 묘한 일을 해냈던 것이다.

그의 말에 의하면, 사형에 해당하는 죄를 범한 자라도 이것을 모면할 수 있는 네 가지 방법이 있다고 한다.

첫째는 확고한 증거가 없을 경우 시종일관 나는 하지 않았다고 부인하는 일, 둘째로는 증인의 기억을 혼란에 빠뜨리기 위해서 이전 증언을 전부 기억해 두었다가 자신에게 유리한 부분만 단편적으로 추궁하는 일, 셋째로는 물적 증거가 충분히 갖추어져서 도저히 면피할 수 없다고 판단되었을 경우 완전히 발가벗고 아픈 노모와 부양할 가정을 피력하여 재판관의 심정에 호소하는 일, 넷째는 정신이상을 가장하는 일이다.

그는 세 번째의 '재판관의 심정에 호소하는 일' 이외에 방법은 모두 법정에서 시도했다고 한다. 그 결과 기적적으로 사형에서 무기징역으로 감형되어 25년 동안 복역한 뒤 53살이 되어 출옥하게 되었다.

그는 이렇게 회고했다.

"검사, 재판관 3명, 변호인 등 여러 명이 주목하고 있는 법정에서 하는 일이므로 그 작전 계획은 매우 정교해야 하며, 또한 당당히 행하지 않으면 안 된다. 그밖에 3년 동안 수많은 증인의 증언을 상세하게 기억하여 불리한 증언이 나왔을 때는 다른 증언으로 이를 물리쳤다. 이를 위해 방대한 증언집을 만들어 전부 암기하였다. 순간적으로 이를 활용할 수 있는 상태로 만들어 놓지 않으면 안 된다. 따라서 대단한 노력이 필요했다."

자신의 목숨이 달려 있는 순간이므로 평상시의 몇 배의 능력이 솟구쳤던 모양이다. 어떻든 이 사나이는 태어나면서부터 주어진 지능과 상대방을 얼떨떨하게 만드는 웅변을 방패로 하여 기어코 소생한 것이다.

그는 경시청 수사본부로 연행된 순간 복도를 뒹굴며 미친 척하려고 하기도 했었다. 그는 과거 자신의 머리를 때리는 등 기괴한 행동을 되풀이하여 마침내 미친 사람으로 취급되어 출소된 어떤 케이스를 상기하고 꼭 그대로 흉내내려고 했다고 한다.

결국 그는 반년동안 미친 사람인 척 연극을 계속했는데 그렇게 하고 있는 자신이 우스워 그만 견디지 못하고 폭소를 터뜨렸고 네 번째 작전을 포기해 버리고 말았다. 두뇌와 말로 승부하는 쪽이 훨씬 자신에게 이롭다는 것을 깨달았기 때문이다.

말솜씨가 좋아야 호감을 얻는다

○

말이란 것이 얼마나 무서운 힘을 가지고 있는가에 대해 그 이면을 소개한 셈인데, 마음에 새겨둘 것은 현실적으로 아무리 유리한 상황에 있다 하더라도 말을 잘하는 상대로부터 교묘하게 추궁을 받게 되면 결과적으로 어떻게 휘말릴지 모르는 일이라는 것이다.

□

하물며 말을 쏘아 대는 상대가 한 사람이 아니고 여럿이 공격해오는 상황이라도 된다면, 유감스럽게도 진실을 가지고 있는 쪽이 반드시 승리한다고 장담할 수는 없다. 풍부한 표현력과 충분한 박력을 가지고 공격해오는 쪽이 역전승을 거두는 일이 많다.

선거가 가장 좋은 예일 것이다. 모든 나라에서 선거 유세는 경쟁 후보를 나쁘게 논평하는 일로 도배되는 경우가 많다. 다른 후보의 결함, 혹은 스캔들을 소상하게 수집하여 유권자를 향해 호소하는 것이다.

그러한 호소를 할 때도 단순히 평면적으로 늘어놓는 게 아니라 말을 장식해서 톤의 강약, 화려한 동작을 첨가하지 않으면 안된다. 때로는 찌라시를 만들어 배포하는가 하면 언론에 퍼뜨리기도 한다. 이런 일은 다 일상에서 흔히 보아온 일들이다.

1960년 존 케네디는 경쟁 후보인 닉슨을 근소한 차로 누르고 제35대 미국 대통령으로 선출되었다. 이 선거는 처음에는 닉슨이 약간 유리했지만, 그것이 종반전에서 역전된 것은 미국사상 최초로 있었던 전 미국 국민을 향한 양 후보의 TV 토론 때문이었다고 한다.

닉슨의 못생긴 얼굴에 비하면, 케네디는 부호의 아들이라고 하는 여유와 미남자로서의 우아함이 있었다. 이를 보고 여성 유권자들이 케네디를 지지하는 쪽으로 돌아섰던 것이다.

그러나 케네디가 승리한 원인은 그것만이 아니었다. 케네디는 연설의 명수였다. 극히 당연한 일을 이야기해도 듣는 사람을 끌어들이는 매력이 있었다. 게다가 재치 있게 닉슨의 약점을 지적하는 일도 잊지 않았다. 닉슨은 실무에서는 케네디 이상의 능력을 가지고 있었으며, 정치적인 흥정도 잘했지만 말재주와 표현력이 부족한 결점을 가지고 있었던 것이다.

시청자는 어느 후보가 미국 국민의 현실적인 이익에 연결되는가 하는 것보다는 화술이나 표정에서 받는 인상으로 인물을 판단해 버렸다. 그 당시 닉슨이 텔레비전에 나가지 않았더라면 선거의 결과가 어떻게 되었을지 알 수 없다.

〈오징어게임〉 속 최강자로 여겨지는 덕수를 통해서도 이런 사실을 알 수 있다. 극중에서 덕수는 오징어게임 참가자들 앞에서 자신의 힘이 얼마나 강한지 증명해 보인 적이 없다. 그의 몸에 그려진 문신과 거침없이 내뱉는 욕설, 무자비한 태도만으로도 그는 참가자들에게 가장 힘이 센 최강자로 인식되게 만들었다.

상대의 약점을 찌르고 나의 약점은 뻥끗도 하지 말라

○

이기느냐, 지느냐 하는 공방전에서는 상대방의 약점을 철저하게 찌르는 것은 물론이고, 자기 약점에 대해서는 재치 있게 감추는 기술도 알고 있지 않으면 안 된다. '모든 것을 정확하게 털어놓음으로써 장점도 약점도 있는 그대로의 자기를 보이게 한다'는 식의 잠꼬대를 하고 있다면 틀림없이 지고 만다.

□

자기 측의 약점이나 불리한 점에 대해서는 '구린내 나는 것에는 뚜껑을 덮는 식'으로 철면피가 되어야 한다. 또 그것을 역으로 공격하는 '바꿔치기의 논리'도 재치 있게 사용할 필요가 있다.

미국 선거의 예를 하나 더 들어보자.

디트로이트라고 하면 과거 미국 자동차 공업의 중심지였다. 세계 제일의 자동차 생산지였지만 유럽과 일본의 추격을 받아 사양길에 접어들어 지역경제에는 위험 요인으로 지목되고 있었다.

사양길에 접어든 데에는 그럴 만한 이유가 있었다. 설비 투자를 게을리하여 공장 시설이 노후화되었거나, 조합의 발언권이 너무나 강해 노동자의 능률이 저하되었거나 하는 등 미국의 공장주나 노동자 스스로에게 대부분의 책임이 있는 게 거의 확실했다.

그렇지만 이 공업지대를 기반으로 하는 의원들은 결코 그 점에 대해서는 언급하는 일이 없었다. 그러한 정론을 털어놓는다면 틀림없이 낙선하기 때문이다. 주로 미국 전체 수요의 20%를 차지하는 일본 자동차의 상륙에 대한 공격만 시종일관하는 것이었다.

자신들이 취하고 있는 방법이 졸렬하다든가 디트로이트의 노동자들이 얼마나 게으른가에 대해서는 입이 찢어져도 말하지 않았다. 사양길에 접어든 원인을 일본 자동차의 진출에 있다고만 역설하는 것이었다. 그래서 다음과 같은 주장만 되풀이했다.

"일본은 군사비 지출을 줄여 방위를 전적으로 미국에 의존하고 있다. 그리하여 그 비용을 자동차 산업 보호에 투자해 차를 저가에 생산하고 있는 것이다."

"일본은 주변의 저개발국에 대한 원조도 게을리하고는 자기 나라의 이윤 추구에만 눈길을 돌리고 있다. 이러한 나라에 대해서는 수입 자동차에 대한 높은 세금을 과하는 게 당연하다. 나는 그 때문에 힘을 발휘하고 싶다."

자신의 잘못은 입도 벙긋하지 않고, 모든 게 제3자 때문에 이렇게 되었다고 비열하게 꾸짖는 것이 최고다. 공격적인 말이 언제나 기분 좋게 들리는 것은 히틀러나 카스트로의 연설을 통해서도 잘 이해할 수 있다. 오직 자신의 선거를 위해 궤변을 토한 이러한 후보의 말을, 디트로이트에서 자동차 산업에 종사하는 노동자들은 갈채를 보내며 환호하는 것이다. 이렇게 해서 '자동차 의원'이 탄생한 셈이다.

그것은 정의가 아니라고 말해 본들 하등의 의미가 없다. 승패의 세계에서는 승리하지 않으면 아무런 가치가 없다. '깨끗하고 올바르게 승부해서 졌다'는 평계는 웃음거리밖에 되지 않는다.

상황에 따라 자유자재로 변모하라

○

말을 다스리는 전문 단체나 언론도 그 점에서는 좋은 참고 대상이다. 그때그때 상황과 형편에 따라 자유자재로 변모하는 언론의 변신술은 혀를 내두를 정도다.

태평양 전쟁 무렵의 일본 신문은 매일같이 '미·영 타도'를 부르짖었다. 그러다가 8월 15일이 되자 '맥아더 원수님 오시다'로 바뀌었다. 언론은 조금도 부끄러워하지 않고 잽싸게 모습을 바꾸어 버렸다.

비슷한 예는 얼마든지 있다. 어느 나라의 1972년 선거에서 J당의 D씨가 새로운 총재로 선출되었을 때다. 그가 선출된 직후의 신문이나 잡지를 펼쳐 보면 재미가 있을 것이다.

〈서민 재상 D씨 탄생〉

〈대망의 D씨 화려한 무대〉

〈밝고 맑은 희망의 새 출발〉

이런 격찬을 신문 제목으로 장식한 것이다.

그러다가 록히드 사건으로 D씨가 표적이 되자 언론은 갑자기 코페르니쿠스적인 발상의 전환을 해보였다. "D씨는 초등학교 졸업의 학력으로 본시 지성이 부족한 위인이었다", "부친이 말 장수였다", "금전에 대한 지독한 집착이 있다"하는 식으로 그를 냅다 짓밟아 버린 것이다.

만일 언론이 어떤 인물이나 일의 본질을 제대로 꿰뚫어 보는 능력이 있었다면, D씨가 수상으로 선임되었을 때에 이미 경계하는 말을 했어야 옳았을 것이다. 그 당시 이미 다소 지식이 있는 사람이라면 D씨가 '검은 손의 국회의원'이라는 사실쯤은 누구나 알고 있었다. 하물며 기사를 쓰는 전문기자들이 몰랐을 리 없다. 그렇다면 앞으로의 정치가 어떻게 전개되리라는 것도 처음부터 어느 정도까지는 짐작할 수 있었을 것이다.

그러나 언론은 말의 세계에 있어서 프로이므로 무엇보다 국민의 심정을 파악하는 데 민감하고 현명한 이들이다. 그래서 그들은 독자의 감정을 거역하고 싶지 않아 한다. 그들은 어떤 기사를 써야만 국민이 기뻐하는지 충분히 알고 있다. 그리고 독자의 감정에 편승해야만 신문 부수가 늘어난다는 것도 알고 있다.

따라서 국민의 분노가 어떤 방향으로 쏠린다고 추측하게 되면, 그것을 끈질기게 증폭하는 기사를 써 싣는 것이다. 화려한 찬사를 보내다 이제 와서 나쁘게 평하는 것이 언론인으로서의 전문성을 모독하는 것이라는 사실을 본인 자신이 제일 잘 알고 있으면서도 그런 일에 일체 구애받지 않는다. 부질없는 자존심 때문에 판매 실적이 악화되어 신문사가 도산이라도 하게 된다면 그것이야말로 큰일이기 때문이다.

자주, 많이 떠들어라

소리 높여 공격하라

○

현대의 비즈니스 사회에서는 결코 침묵이 금이 아니라는 것을 알아둘 필요가 있다. 잠자코 있는 것은 목숨을 빼앗기는 결과가 되어버린다. 주장할 것은 주장하고, 공격해야 할 일은 소리 높여 공격해야만 살아남을 수 있는 시대다.

어떤 비즈니스맨의 예를 소개하겠다.

M이라는 안경점 사장이 있었다. 안경을 50% 할인해 판매하고 또 그걸 선전한 CM송으로도 유명한 사람이다. 처음 개업을 했을 때만 해도 오직 한 개의 점포를 가지고 있던 그는 불과 몇 년 만에 27개나 되는 대리점을 가지게 되었으며, 안경의 1년 판매액이 1천 6백 달러나 되는 큰 기업의 사장이 됐다. 그는 독특한 50% 할인 마케팅을 벌여 소비자에게 박수갈채를 받았지만 안경

△

업계에서는 덤핑으로 전국시대를 야기한 천하의 적이었다.

그가 안경을 할인 판매하기 시작했을 때 업계의 반발은 대단했다. 안경점 55개가 합세하여 50% 할인 판매 광고의 정지를 요구하여 민사 소송까지 제기했다. 물론 M은 이 소송에 대해 단호하게 대처하여 싸워 나갔다. 그는 다음과 같은 성명을 신문에 실었다.

"소송은 전혀 근거가 없다. 우리 가게의 제품이 잘 팔리는 것은 손님이 싸다고 판단한 결과일 뿐이다. 언제까지고 맞서 나가겠다."

이와 같은 M의 힘에 원고 측도 불리하다는 것을 깨닫고 화해의 움직임을 보였다. 그러나 M은 이 화해의 제스처도 일축해 버렸으며, 다시 50% 할인 판매를 고려 중이라며 역습으로 응수했다. 거듭되는 M의 공격으로 입장은 역전되어 버렸다. 원고 측에 속하는 어떤 안경점은 마침내 가게를 살그머니 싸게 팔기 시작했던 것이다. 그것도 M에게.

상대의 아픈 데를 대담하게 찔러라

○

M의 공격은 멈출 줄을 몰랐다. 라이벌 안경점을 몽땅 두들겨 부수겠다는 식이었다.

M이 안경을 할인 판매하기 시작한 당초에는 '40% 할인'이라는 간판을 내걸고 있었다. 그런데 개점한 지 1개월째 되었을 때

주위에 있는 안경점들이 그의 할인 판매에 대해 불평을 해왔다. 그러자 그는 "아, 그렇습니까"하고 간단히 간판을 거두어들이고 나서 그 다음날에는 '표준 가격의 5할 할인 판매'라고 쓴 간판을 내걸어 한 걸음도 물러서지 않겠다는 자세로 싸움에 응해 나갔다. 이렇듯 강한 투쟁심이 그의 안경점을 대기업으로 성장시켰다고 해도 좋을 것이다. 그는 또 동업자들을 모함하기 시작했다.

"안경은 절반 값으로 팔아도 충분한 이윤이 있습니다. 옛날의 안경점이 얼마나 마구 벌어 들였는지 잘 알 수가 있습니다."

여기서 그는 한 걸음 더 나아가 라이벌 안경점의 아픈 데를 대담하게 찔러 나갔다.

"안경이란 시력을 보충하는 데 지나지 않는다. 안경이란 눈 나쁜 사람의 눈을 치료해 주는 것이 아니다. 따라서 안경을 판매한다는 일은 그다지 어려운 일이 아니다. 그것을 각별히 어려운 일인 것처럼 보이게 하는 것은 안경점들이 터무니없는 이익을 지켜 나가려고 해서다."

이렇듯 상대방의 아픈 곳을 정통으로 찌르는 여론전을 통해 M은 싸게 파는 상법을 완전히 정착시켜 버린 것이다. 더구나 그는 요령있게 이와 같은 도전적인 발언을 가끔씩 신문, 주간지, 서적이 채택하도록 하는 것도 잊지 않았다.

결국 라이벌들은 그의 말장난에 완전히 지고 말았다.

현재 그가 이끄는 안경점은 220명이나 되는 직원을 가진 기업으로 성장하고 있으며, 종업원의 급여 수준도 수준급이라고 한다.

업계의 혜성처럼 나타난 그는 앞으로도 강인하게 살아나갈 그런 사나이다.

신중하지 말고 폭탄을 터뜨리듯 떠들어라

지금까지 소개한 각종 에피소드를 통해서 우리는 이 양육강식 시대의 강자로서 살아나가기 위한 몇 가지 교훈을 살펴보았다.

우선 표적으로 삼을 경쟁자를 정했으면 그 약점을 여러 각도에서 연구한다. 그리하여 그것이 포착되었으면 집요하게 되풀이해서 공격한다. 회의를 하는 자리에서 또는 여러 사람이 보는 앞에서 폭탄이라도 던지듯이 일격필살 작전으로 나가도 좋을 것이며, 심복인 부하라든가 때로는 이성관계 등을 이용하여 엉큼하게 소문내는 것도 좋다.

그것이 공평하다든가 혹은 공평하지 못하다는 식의 일은 생각할 필요가 없다. 말에 의한 공격은 집요하면 집요할수록 효과가 크다. 흔히 하는 말로 '사람의 입에는 문을 달 수가 없다'고 하듯이 집요하게 퍼뜨리면 결국 모두가 알게 되어 있다. 때로는 알아낸 비밀을, 이른바 찌라시로 만들어 몰래 인터넷에 뿌리는 것도 유효하다. 찌라시란 누가 썼는지도 모르는 어둠 속에서 닥쳐온 위협이므로 상대방에게 주는 공포감이 크다.

이것을 한층 더 강력하게 하는 것이 언론의 동원이다. 자기가 알아낸 상대방의 비밀에 대해 되도록 데이터를 풍부하게 갖추어 스캔들을 주로 싣는 신문이나 주간지 등에 넘겨주는 것이다.

때로는 담당 기자를 매수하는 데 투자도 필요하겠지만, 실리기만 한다면 대단한 파괴력을 지닌다.

상대방도 당하고만 있지 않을 테니 반격해 오는 일도 있을 것이다. 그런 때는 이쪽의 약점은 가능한 한 은폐해야 한다. 그 약점이 상대방의 비행 때문에 생겼다는 식으로 논리를 바꿔치기해도 좋으니까 사전에 연구해서 대책을 세워두는 게 좋다.

또한 논쟁이 벌어지게 되면 어떻게든 상대방보다 많이 발언해야 하는 것도 잊어서는 안 된다. 하나하나 신중하게 말을 선택하는 것보다 덮어놓고 떠들어 대는 것이 효과적인 때가 많다. 그런 때를 대비하여 명문구를 많이 암기해 두었다가 막상 일이 벌어졌을 때 당당하게 늘어놓을 연습도 해두어야 한다.

마지막으로 "시대의 흐름을 간파하라"는 말을 추가해 두고자 한다. 아무리 버티어도 개인의 힘으로 시대의 커다란 흐름을 뒤집어놓기는 매우 어렵다. 회사든 작은 조직이든 간에 기본적인 하나의 트렌드가 있다. 그러한 흐름을 읽고 주류에 붙는 쪽이 절대로 유리하다. 시대의 세력을 확인하고 붙었다가 자기에게 기회가 왔다고 생각할 때 단숨에 몰아치는 것이다.

제6장

○
△
□

완전한
권모술수

현대와 같은 복잡 괴기한 인간 구조 속에서 바보처럼 정직함을 지켜나간다면 반드시 남의 함정에 빠질 것이다. 이쪽의 본심은 될 수 있는대로 보여주지 말고 상대의 진실을 끌어내는 것이 이 시대를 사는 요령이다.

01 정직한 자는 바보가 된다

거짓말도 똑똑해야 한다

○

목적의 달성을 위해서 수단, 방법을 가리지 않고 때와 형편에 맞추어 능청스럽게 둘러 맞추는 모략이나 술책을 권모술수(權謀術數)라 한다. 그리고 사람을 속이는 말을 거짓말이라고 한다. 그러니까 권모술수는 확대된, 그리고 계획된 거짓말인 것이다.

아무튼 권모술수나 거짓말은 온갖 꾀를 써서 사람을 속이는 일이 된다. 여기까지 읽어온 독자라면 이미 알아차렸겠지만, 이 시대는 정직한 자가 바보가 되는 세상이다.

'거짓말을 하면 혀가 뽑힌다'는 어릴 때 들은 엄포 따위를 아직까지 소중하게 간직할 필요는 없다.

거짓말은 도둑의 시초라고도 한다. 그러나 도둑의 시초가 된들 하등 관계가 없지 않은가. 왜냐하면 남의 것을 훔쳐야 한다고 이미 앞에서 배웠으니까 말이다.

영국의 시인이요, 극작가인 존 드라이든(John Dryden)은 "어떠한 악한 일도 거짓말로부터 시작되지 않는 것은 없다"고 말했다. 다시 말해서 권모술수 및 거짓말이란, 모든 악한 지혜의 첫발이며 출발점이라는 이야기다.

드라이든의 말과 반대로 그는 도저히 티 없는 순수한 인간이라고는 할 수 없는 그런 삶을 살았다. 그는 청교도 혁명기의 인물로 처음에는 크롬웰의 평화 정권을 지지했으며, 크롬웰의 죽음을 애도하여 《호민관 고(故) 올리버 경의 죽음》이란 시를 써 바쳤다. 그러다가 왕정이 복귀되어 찰스 2세가 즉위하자 이내 왕당을 지지하여 찰스 왕을 칭송하는 《돌아온 고향의 공주》라는 시를 써서 바친 시인이었다.

문학적 소양이 없는 자는 거짓말도 고작해야 남의 표현을 빌릴 수밖에 없지만, 대시인인 드라이든쯤이면 음률이 기가 막히게 들어맞는 시로서 칭송할 수 있을 게 아닌가. 드라이든은 자기가 살면서 해온 처세술을 스스로 지적하는 뜻의 격언을 후세에 남긴 것이다.

역사는 끝없는 모략의 싸움으로 이루어진다

○

〈오징어게임〉의 설탕 뽑기 게임 장면에서 덕수에게 도움을 주

△

어 환심을 산 미녀는 '성욕의 충족'을 조건으로 '신체적 보호'를 약속받는다. 하지만 줄다리기 게임이 시작되고 조건의 균형이 깨지자 덕수는 너무나 손쉽게 미녀를 배신한다. 서로가 필요한 상태에서 맺은 약속은 필요가 없어지면 아무런 의미가 없는 것이다.

동서고금의 역사를 통해서 권모술수 및 거짓말이 없는 사건이란 하나도 존재하지 않는다. 끝이 없는 모략의 연속이었다.

국가간의 조약 하나만 들어봐도 그것이 얼마나 속임수에 가득 찬 것인지 잘 알 수 있다. 예를 들어 독·소(獨蘇) 불가침 조약이라든가, 일·소(日蘇) 중립 조약, 혹은 침략의 선구적 역할을 하고 있는 소련과 각국 사이의 우호 선린 협력 조약도 마찬가지다. 피차 그 조약을 완전히 신뢰하지 않으면서도 일시적 방편으로 체결해 두는 것이다.

제2차 대전 말, 종전을 한 주 앞두고 소련군은 대일 불가침 조약을 짓밟고 군대를 대거 출동시켜 만주로 밀려들어왔다. 이와 같은 위반을 비판하는 사람도 있지만, 상대방은 아프거나 가려움도 전혀 느끼지 않을 것이다. 왜냐하면 전쟁 전 소련 역시도 파기될 것을 알고 독일과 불가침 조약을 체결했으며 그것이 예상대로 깨졌으니까 말이다. 일본과의 조약도 뒤에서의 역습을 신경쓰지 않고 독일과 싸우기 위해 편의적으로 체결했을 뿐이다. 독일이 쓰러진 다음에는 언제 조약을 짓밟을 것인가 하고 기회를 노리고 있었을 뿐이다.

우아하게 속인다

〇

그렇다면 사상 최대의 모략가는 누구였을까 하고 생각해 보니, 그것은 아무래도 미국의 제32대 대통령 프랭클린 루즈벨트가 아니었을까. 모름지기 모략이란 그 사람의 용모나 행동이 능히 그런 일을 하게 생겼을 경우에는 별로 흥미롭지 못하다.

예를 들어 히틀러의 연설을 듣고 있으면, 제대로 생각할 줄 아는 사람일 경우 '이 자가 도대체 어떤 무서운 일을 생각하고 있을까?'하는 의문과 두려움이 용솟음칠 것이다. 실제로 영국의 수상 처칠은 이렇게 평한 적이 있다.

"독일의 돌격대(SS·약 3백만 명)는 가까운 장래에 틀림없이 국방군에 편입되어 정규군으로서 유럽을 석권할 것이다. 일찌감치 손을 쓰도록 하자."

그것이 제2차 대전의 싸움이 시작되기 훨씬 전인 1934년의 일이었으므로 무서운 머리요, 정확한 눈이라고 할 수 있다.

그렇지만 당시의 영국은 대독(對獨) 유화 정책에 빠져 있었으므로 처칠의 경고 같은 것에 귀기울일 리 만무했다. 그런 가운데 처칠은 연극적 제스처가 심한 히틀러의 격렬한 연설 속에서 극히 위험한 냄새를 맡아냈던 것이다.

역사적 평가에 있어서 히틀러는 이미 역사상 가장 희귀한 궤변가요, 거짓말쟁이로 전해져 있으므로 그의 모략을 거론하는 것은 별로 흥미롭지 못하다.

그러나 우아하고 지성미가 넘치는 연설, 어진 아버지로서의 용모, 명문가에서 태어나 하버드 대학을 졸업한 루즈벨트 대통령을 등장시켜 본다면 좀 흥미로울 것이다.

겉으로 봐서 루즈벨트는 '사상 최대의 궤변가'라고는 도저히 생각되지 않는다. 명문가 출신일 뿐만 아니라 1921년에는 중풍에 걸려 정계에서 은퇴한 바 있다. 그렇지만 후유증에 시달리면서도 뉴욕 주지사로서 정계에 복귀했는데, 그의 혁신적인 정책은 국민에게 인기를 얻어 지사 취임 3년이 채 되기도 전에 미합중국의 대통령이 되었다. 그 후 은행 구제, 농민 보조, 실업자 구제사업, 노조 지원, 복지 정책 등을 계속해서 실천하여 미국 역대 대통령 중에서도 최대의 평가를 받게 되었다. 그러한 루즈벨트를 어째서 사상 최대의 궤변가라고 불러야 하는가.

태평양 전쟁은 일본 해군이 미국 하와이의 진주만을 기습 공격한 일에서 발단되었다. 1941년 12월 8일 새벽의 일이었다.

유럽에서는 1939년 9월 1일에 영국과 프랑스가 독일에 선전포고를 하여 제2차 세계 대전이 발발하고 있었다. 다음 해인 1940년 6월 10일에는 이탈리아가 영국과 프랑스에 대해 선전포고를 하였다. 처칠이 대독 유화 정책의 실패로 챈벌린 수상의 뒤를 계승한 것은 그 해 5월의 일이었다.

처칠이 수상이 되자 미국에게 전쟁에 참전할 것을 강력히 호소하였다. 그렇지만 루즈벨트로서는 그렇게 쉽게 영국의 요청을 받아들일 수 없는 사정이 있었다.

□

135

미국에는 제5대 먼로 대통령 이래로 '먼로주의(Monroe Doctrine)'가 있었기 때문이다. 유럽과 신대륙 사이의 상호 불간섭 원칙인데 그러한 전통이 계속 유지돼 왔던 것이다. 유럽에서 격렬한 전투가 되풀이되고 있다고 하여 당장 참전에 대한 국민의 여론을 얻어내기란 어려운 일이었다. 그 때문에 참전을 위해서는 무언가 상상을 초월한 돌발 사건이 필요했다. 여기서 그가 생각해 낸 것이 일본을 궁지에 몰아넣어 기습공격을 해오도록 하는 일이었다.

이미 긴박한 상태에 놓여 있었던 미국과 일본 사이의 최종적인 외교 교섭은 1941년 11월 초순에 시작되고 있었다. 당시 일본의 암호는 미국 측에 의해 전부 해독되고 있었으므로 회담에 참석하는 두 일본인 특사가 제시할 요구 사항도 그 내용을 미국이 알고 있었다.

교섭하고 흥정하는 자리인 외교에서 저쪽의 요구 사항을 이미 이쪽에서 다 알고 있는 처지라면 교섭은 얼마든지 이쪽 마음대로 전개시킬 수 있지 않겠는가. 최종적으로 미 국무장관으로부터 터무니없는 요구 사항을 제시받자 교섭은 결렬되었으며 일본은 별수 없이 문제의 진주만 공격을 감행했던 것이다.

덫을 쳐 놓고 기다린다

O

일본군의 진주만 공격이 루즈벨트 대통령의 유도에 걸린 것이라는 증거는 수없이 많다. 그 중에서 몇 가지만 열거해 본다.

첫째, 1941년 3월 벨린저 해군 소장과 하와이 방면 육군 항공대 사령관 프레데릭 육군 소장은 공동 기자회견을 가졌는데 이 자리에서 그들은 일본군의 기습을 예언하는 한편 그 대책도 상세하게 피력하였다. 그렇지만 미국 정부는 굳이 이를 무시하였다.

둘째, 그해 9월 24일에는 동경으로부터 호놀룰루 주미 일본 총영사관 앞으로 암호전보가 타전되었다. 내용은 진주만 해역에 배치되어 있는 함정(艦艇)의 수를 상세하게 조사하라는 것이었다. 물론 이 암호 전보는 미국 측에 의해서 내용 그대로 포착되었다.

셋째, 주일 미국 대사가 본국 정부에게 일본의 기습 공격 가능성을 두 번에 걸쳐 보고했다.

넷째, 그럼에도 불구하고 미 태평양 함대 사령관 킬멜 대장, 하와이 미육군 사령관 쇼트 중장에게는 입수한 정보가 제공되지 않았다.

다섯째, 항공모함 엔터프라이즈 호, 렉신튼 호, 새러토거 호 등 3척은 기습 당일 진주만에 정박하고 있지 않았다. 그 때문에 일본의 공격대는 이 기동부대를 격멸하지 못하고 말았다.

이외에도 진주만 공격이 미국이 만들어놓은 함정이라는 것은 많은 전사 연구가들이 지적하는 바다. 무엇보다 기습 공격을 일으킨 직접적인 원인은 미국이 제시한, 일본으로서는 절대로 받아들일 수 없는, 터무니없는 요구였기 때문이다.

□

최후의 승리를 거둘 때까지 싸우라

O

진주만 공격이 있었던 다음 날, 루즈벨트는 의회에서 이렇게 연설하였다.

"미국 전 국민은 우리에 대한 일본의 비열한 기습 공격을 잠시도 잊지 않을 것이다."

"이렇듯 주도면밀하게 계획된 침략에 이기기 위해서 올바른 힘을 가진 미합중국 국민은 그것이 아무리 오랜 시일이 걸리더라도 최후의 승리를 거둘 때까지 싸워 나갈 것이다… 따라서 여기서 나는 의회에 대해 선전포고를 성명하도록 요구한다."

이와 같은 연설이 울려퍼진 바로 그 순간 이미 일본, 독일, 이탈리아 3국은 전쟁에 패하였다고 할 수 있다.

루즈벨트로서 이와 같은 상황은 가장 이상적이었다. 미국이 전쟁에 나설 수 있었을 뿐 아니라 국민으로부터 적에 대한 증오의 에너지까지 끌어낼 수 있었기 때문이다. 한편 일본에서는 기습 공격이 성공했다고 알려졌으므로 미국의 힘을 과소평가하는 과오까지 범하고 말았다.

루즈벨트는 이렇게 덫을 놓음으로써 미국 국민과 일본의 군부를 유도했으며, 그로 인해 이후 4년에 걸친 세계 대전의 발판을 잡은 셈이다. 궤변가라고 해도 이렇듯 멋진 것은 없을 것이다.

어찌 됐든 조만간에 미국은 참전했을 것이 분명했다. 그러나 진주만 기습으로 참전을 할 수 있는 정당한 이유가 생겼을 뿐 아

△

니라, 국민 여론을 얻어낼 수 있다는 커다란 이익이 발생했던 것이다.

한편 히틀러로서는 대단히 낭패를 본 셈이다. 전의를 조금씩 상실해 가고 있었던 영국 국민이 미국의 참전으로 다시 힘을 얻었기 때문이다. 히틀러는 미국 전력의 증압이라고 하는 물리적 측면과 적대국의 사기가 드높아지는 이중고로 몰리게 되었다.

이렇게 해서 강대국인 미국은 당당한 태도로 참전할 수가 있었다. 미국이 연합국 측에 서서 참전했을 때 이미 이 전쟁은 승패가 결정났던 것이다.

일본을 진주만 기습으로 몰아넣었으며 그런 일을 어느 정도까지 사전에 알고 있으면서도, 자기 나라의 군부와 국민을 자기의 의도 쪽으로 끌어들인 루즈벨트야말로 히틀러, 처칠, 혹은 스탈린 이상으로 현대사를 바꿔놓은 인물인지도 모른다. 그가 풍모가 세련되고 교양이 넘치는 신사였기 때문에 그의 계략이 한층 더 돋보이지 않는가.

02 지식과 교양을 갖추면 거짓말도 진실이 된다

거짓말에는 매력이 있다

O

책략가 루즈벨트의 행동을 통해서 우리는 많은 교훈을 얻어 낼 수가 있겠다. 권모술수와 거짓말이 악의 지혜의 첫걸음인 이상 이것을 최대한 활용하지 않으면 안 된다.

그러나 이를 언급하기 전에 독자 여러분을 잠시 쉬게 해주고 싶다. 기분 전환을 할 겸 역사상 가장 유명한 거짓말쟁이인 상 제르망 백작의 위대한 거짓말 실력을 들어주기 바란다.

때는 18세기, 그러니까 루이 15세 치하의 프랑스였다. 혁명 (1789년)이 일어나기 얼마 전의 일이었다.

당시의 상류 계급 살롱에 전력(前歷)이 묘한 한 사나이가 홀연 히 나타났다. 그는 나타나자마자 상류 사회의 인기를 독차지한 귀 족이 되었다. 그의 이름은 상 제르망이었다. 듀마의 소설《몽테 크

△

리스트 백작》의 주인공 에드몽 당테스와 같은 등장이었다.

그는 괴기한 인물이었다. 분명히 엄청난 거짓말을 하고 있는 게 틀림없는데도 그의 이야기에는 묘한 신빙성이 있었다. 더구나 본인 자신이 다채로운 학식을 가지고 있었으며 풍채도 훌륭했으므로 누구나 자기도 모르는 사이에 그의 이야기에 빨려 들어갔다.

예를 들어 그는 상류 계급이 많은 살롱에 드나들면서 "나의 나이는 4천 살이다"라고 떠들고 다녔다. 이것을 증명이라도 하겠다는 듯 그는 여왕과의 정사를 늘어놓거나 바빌론 궁정의 모습을 그야말로 직접 본 것처럼 설명하였다.

학자도 미치지 못할 정도로 박학다식한 사나이였으며, 특히 유럽 역사에 대한 지식에 있어서는 경탄할 정도였다. 언젠가 어느 상류층 부인이 "당신의 지식은 정말로 놀랍습니다"하고 칭찬하자 "마담, 저의 것은 지식이 아닙니다. 하나같이 자신이 체험한 것들입니다"하고 한 수 더 떴다.

그런가 하면 또 어떤 때는 상대방의 조상에 대한 이야기를 들려주며 "마리냐노의 싸움터에서 당신의 10대 전의 조상과 함께 싸웠답니다"하고 허풍을 떨기도 하였다.

거의 진실처럼 이야기했으므로 그만 상대방도 곧이곧대로 듣고 말았다.

추궁엔 능청스럽게 대처하라

○

상류층 부인들 사이에서 상 제르망 백작의 인기가 하늘 높은 줄 모르고 솟아오른 데 비해 남자들은 심하게 그를 질투하였다. 어느 날 백작이 집에 없는 때를 틈타 많은 사나이들이 그의 넓은 저택을 방문하였다.

나타난 집사한테 사나이들이 따지고 들었다.

"당신의 주인은 대단한 거짓말쟁이야. 그 친구는 도대체 몇 살이나 되었으며 어디서 태어난 거야?"

그러자 집사는 당황하지도 떠들지도 않고 태연히 대답했다.

"그렇습니다. 확실히 우리 집 주인은 거짓말을 하고 있습니다. 4천 살이라는 건 옳지가 않습니다. 제가 백 년 전에 그분을 모시게 되었을 때는 분명히 3천 살이라고 말씀하셨습니다. 어째서 9백 살이나 덤을 붙였는지…."

그 주인에 그 하인이라고 할 수 있는 멋있는 집사였다.

그 후로 사나이들은 상 제르망의 거짓말에 대해서 다시는 추궁하지 않게 되었다. 추궁을 포기했다고 할 수 있다.

그의 말을 믿었다기보다 도저히 자신들의 능력으로는 상대할 수 없는 사람이라는 것을 깨달았기 때문이다.

그는 마침내 파리에서 홀연히 사라져 버리고 말았다. 얼마 후 프랑스 혁명이 발발했다. 그 사이 그는 몇 차례 파리에 나타났다가 다시 사라지는 행동을 되풀이했다. 혁명에서 붙잡힌 루이 16

△

세의 왕비 앙뜨와네뜨와 접촉이 있었던 것 같다는 기록도 있지만 이 무렵 그의 소식이 끊어져 행방을 알 수 없게 되었다. 나타났을 때와 마찬가지로 사라질 때도 수수께끼였다.

능력이 있다면 거짓말도 모습을 감춘다

○

그의 가치를 한층 더 높여준 사람이 있었는데 그 사람은 바로 프러시아의 프레드리히 대왕이었다. 대왕은 불로장수의 약을 발견했다는 그의 이야기를 완전히 신용하여 "상 제르망은 죽을 수가 없는 사나이다"라고 발언함으로써 그를 옆에서 지원해 주었다. 대왕이 그를 믿는 것은 그의 멋있는 풍채 탓도 있었지만 그의 놀라운 능력 탓이었다.

상 제르망은 어학의 천재이기도 하였다. 유럽 각국의 말을 못하는 것이 없었으며 그밖에도 라틴어, 산스크리트어, 아라비아어, 중국어도 가능했다. 화가로서도 일류의 솜씨를 가지고 있었을 뿐 아니라 바이올린, 하프 등도 일류 연주자의 수준에 도달해 있었다. 게다가 남아돌 정도로 돈이 많아 우아하게 놀며 생활하고 있었으므로 사람들은 경탄의 정도를 넘어 그만 보면 머리가 멍해질 정도였다.

상 제르망의 정체가 무엇이었느냐에 대해서는 이제는 조사할 방법이 없다.

□

단지 말할 수 있는 것은 그가 영계에서 소생한 귀신도 아니며, 부친이 남겨준 막대한 유산으로 그저 놀고먹기만 한 바람둥이도 아니었다는 사실이다.

　　단순한 탕아로서는 그의 지식이 너무나도 해박했으며 그의 능력도 지나칠 정도로 다재다능했다.

　　일설에 의하면 상 제르망은 혁명파의 스파이였는지도 모른다. 우선 그 출현 방법이 기묘하고 수수께끼 같다. 그리고 상류 사회 혹은 왕궁에 출입하자 이내 살롱의 중심인물이 되었다. 당시 왕정파의 동정을 살피기 위해서는 더 없이 좋은 위치였다. 이야기가 자신의 정체에 미치게 되면 4천 살이라느니, 여왕과 사랑을 나누었다는 식으로 화제를 슬쩍 얼버무리고 말았다.

　　또한 사라진 방법도 부자연스러웠다. 귀족 계급이라면 혁명파에 의해 붙잡힐 가능성도 있을 텐데 혁명 발발 전후에 갑자기 모습을 감추어 버렸다. 생각해 보면 확실히 혁명파의 스파이였을 가능성이 높다. 그러고 보면 거짓말쟁이인 백작도 상당한 권모술수가라고 할 수가 있다. 그가 평범한 사나이였다면 이렇게 이름을 남기지는 못했을 것이다. 그저 거짓말 잘하고 약아빠진 바람둥이로 밖에 평가되지 못했을 것이다. 남다른 지식과 교양이 있었기 때문에 멋있게 귀족 계급들을 속일 수 있었다.

03 정직해야 거짓말이 빛을 발한다

모두가 거짓말을 하고 있다

○

현실적인 행동 철학이라는 입장에서 말하면 권모술수나 거짓말도 히틀러의 포악함보다는 신사적인 이미지 뒤에 숨긴 루즈벨트나, 아니면 기지와 박학과 유머로 사람을 끝끝내 속여넘긴 상제르망 쪽에서 배울 점이 많을 것이다.

'거짓말은 도둑의 시초'인 동시에 '거짓말은 승자의 지혜의 원천'이라는 것을 깊이 인식하여 크고 다양하게 활용해보는 것이 어떨까.

그런데 세상에는 "나는 거짓말을 하지 않습니다"라고 진지한 얼굴로 말하며, 스스로도 그렇게 믿고 있는 사람이 적지 않다. 그러나 거짓말을 하지 않고 사는 사람이란 한 사람도 없다. 따지고 보면 그런 사람이야말로 대단한 거짓말쟁이가 아닐 수 없다. 좋아하든 좋아하지 않든 간에 우리는 매일 거짓말을 하며 생활하고 있는 것이다.

예를 들어 회사에 윗사람이 호주머니 속에서 사진 한 장을 꺼내 보이며 "이번에 초등학교에 들어가게 되었어. 내 딸이야"하고 자랑했다고 하자. 사진을 본 아랫사람은 속으로는 시큰둥하면서도 "아, 귀엽게 생긴 아이군요. 아주 얼굴이 영리하게 생겼네요" 하는 정도의 반응을 보이지 않을 수 없을 것이다. '사교적인 의례' 내지는 '인사치레'로 명목상 거짓말을 하고 있는 셈이다.

"당신 날 사랑하나요?"하는 아내의 질문을 받고 "사랑하지 않아"하고 정직하게 대답하려면 대단한 용기가 필요할 것이다. 대개 골치 아프고 귀찮으니까, "물론이야" 정도의 대답은 하게 되어 있다.

정직한 아내 쪽도 마찬가지로 생명 보험회사의 외판원이 찾아오게 되면 "우린 이미 들어 있습니다" 식의 정해진 말을 함으로써 그들을 물리쳐 버리고 있으며, 자식들에 대해서는 "공부하지 않으면 위대한 사람이 되지 못해요"라는 거짓말로 협박하여 책상 앞에 앉게 하려고 한다.

장사꾼 세계에서의 거짓말은 새삼 언급하는 것조차도 어리석을 것이다. 라이벌 회사로부터 이쪽의 신제품 계획이라든가 앞으로의 설비 투자 예정 등을 질문 받고 대답하는 경영자가 있다면 제발 한번 보고 싶을 정도다.

모두가 다 거짓말 경쟁을 하고 있는 것이 이 세상이다. 본인이

의식하지 못하는 거짓말까지 포함하면 우리의 일상은 오히려 진실을 말하는 경우가 훨씬 적다고 하겠다.

그렇다면 더욱 괜찮게 이 사회를 살아가기 위해서 우리는 거짓말의 효용을 계산하여 보다 더 적극적으로 거짓말을 해야 할 것이다.

시치미 떼고 배짱있게 거짓말하라

○

거짓말을 하는 방법도 여러 가지다. 백발삼천장(白髮三千丈)하는 식의 수사학적인 거짓말에서 상대방의 반응을 냉정하게 계산해놓고 말하는 권모술수형 거짓말의 영역까지 있다. 물론 우리가 앞으로 써먹으려는 쪽은 후자에 속한다.

여기서 앞서 언급한 정치가 H씨의 이야기를 다시 들어보자.

그 사람이야말로 대표적인 거지말쟁이 정치가였다.

그의 이름을 유명하게 만든 국회에서의 문답 후 국회 기자실의 한 친구는 이렇게 말하기도 했다.

"장관이나 차관이 국회에서 추궁받는 건 경찰에서 형사나 검사한테 추궁당하는 것보다 한층 더 고통스러운 일이야. 그런 자리에서 당당하게 말할 수 있는 인물은 아직도 본 일이 없어. H씨를 제외하고는 말이야. 국회 상임위원회에 참고인으로 불려가는 경우도 많지만 여기서도 냉정 침착하게 행동하는 사람은 드물지. 오줌

□

147

을 싸는 작자도 있으니까."

그런데 H씨는 이 점에서 너무하다고 할 정도로 멋있었다. 중요한 순간이 오면, "기억에 없습니다"라며 말을 피해 버렸다.

"기억에 없다는 건 좀 이상하지 않은가?"하고 질의자가 신경질을 부리면, "역시 기억나지 않습니다"하며 그 답변을 시종일관 밀고 나갔다. 이런 식의 대화에서는 먼저 신경질을 부리는 쪽이 진 것이나 마찬가지다. 그런 점에서는 추궁하는 야당 의원보다 H씨 쪽이 여러 수 위였다.

"기억에 없습니다"는 참으로 편리한 말이다. "그런 일이 없습니다"라든가 "그렇지 않습니다"고 대답했더라면 더욱더 추궁해 나갈 수 있지만, "기억에 없다"에는 더 이상 추격할 꼬투리가 없는 것이다.

아무래도 이 작전은 고문 변호사의 아이디어였겠지만, 그것을 재치 있게 구사할 만한 그의 재능과 배짱이 없었다면 그냥 아이디어로 끝나 버리고 말았을 것이다. 그는 그런 능력을 갖추고 있었던 것이다.

누가 뭐래도 H씨는 대단한 인물이다.

그는 권위의 상징인 국회라는 장소에서도 당당히 시치미를 떼고 거짓말을 밀고 나가는 것이 가능하다는 것을 실천해보인 인물이며, 국회도 거짓말이 통하는 장소라는 것을 전 국민한테 확실히 가르쳐 준 용감한 인물이라고 하겠다.

상사에게서 조금만 꾸지람을 들어도 얼어버리는 옹졸한 서민들에게 국회라고 하는 엄숙한 건물 안에서도 얼렁뚱땅의 제스처가 통했다는 것을 암시해준 그는 누가 뭐래도 위대한 인물이다.

자신의 손바닥을 펴 보이지 말라

○

정치가 L씨는 그의 수상 시절 '어… 음… 수상'이라는 별명을 얻고 있었다. 그런 대로 상당히 계산적이며 대담한 사나이였다고 한다. 그가 말할 때의 '어… 음…'을 노인성 실어증으로 받아들여서는 절대 안 된다. 그것은 자기도 모르게 진실을 절대로 털어놓지 않기 위한 깊은 꾀에서 생긴 의도적인 버릇이기 때문이다. '어… 음…' 하면서 다소의 시간을 벌며 순간순간 안전한 말을 골라내어 말하는 것이다. 따라서 자신에게 도움이 되지 않는 말, 가슴 깊이 간직해 두어야 할 말은 절대로 털어놓지 않는다.

그것이 그의 깊은 꾀였다는 증거는 다음의 증언을 들으면 쉽게 이해할 수가 있다.

"그는 평상시 결코 '어… 음…'을 사용하지 않습니다. 주위에 측근만 있어 안심할 수 있는 장소에서는 스트레이트로 턱턱 시원시원하게 말하곤 하지요. 그러나 그곳에 낯선 인물이 한 사람만이라도 끼어들게 되면 그 순간부터 그의 말은 완만해지며 '어… 음…'을 연발하는 것입니다."

이것은 어떤 정치부 기자가 본 그의 모습이었다.

□

말하자면 정치가는 결코 자기도 모르게 진실을 털어놓지 않아야 한다는 이야기다. 따라서 공적인 자리에서 듣는 정치가의 말은 거의 거짓말인지도 모른다. 쉽게 말해서 정치가의 말은 하나같이 역설이라고 판단하면 된다.

그런 L씨를 두고 "그 사람 못 쓰겠는데"하고 말한다면 당신은 아직도 미숙한 자라는 말을 들어도 어쩔 수가 없다. 상대방을 애매한 말로 어리벙벙하게 만들어 자신의 본심을 조금도 내보이지 않는 게 멋진 행동이다. 이것은 우리가 살아나가는 데 있어서 매우 명심하지 않으면 안 될 중요한 대목이다.

현대와 같은 복잡 괴기한 인간 구조 속에서 바보처럼 정직함을 지켜나간다면 반드시 남의 함정에 빠질 것이다. 이쪽의 본심은 될 수 있는대로 보여주지 말고 상대의 진실을 끌어내는 것이 이 시대를 사는 요령이다. 그것이 가능하다면 대책은 얼마든지 세울 수 있다.

스파이의 활동 비결은 정보를 끄집어내지 않으면 안 될 상대방에게 이쪽의 정보를 어느 정도로 제공하느냐 하는 것에 달려 있다. 예를 들어 A가 10의 정보를 B에게 주었다고 하더라도 B로부터 11의 정보를 취하게 되면 플러스 1이 되는 것이다. 이것으로 승부는 결정난다. A가 5의 정보밖에 내놓지 않고서 B로부터 그 두 배인 10의 정보를 빼내려고 한다면 그것은 지나친 욕심이라고 하겠다.

그러나 이런 경우에 고등 술수를 써서 5의 정보를 양적으로

나 질적으로 10의 정보인 양 돋보이게 하면 더할 나위 없이 좋다. 고도로 훈련된 스파이라면 이 짓도 얼마든지 가능하다.

자신의 손바닥은 보이지 말고 상대방의 손바닥을 드러나게 하는, 이것이야말로 권모술수의 비결이라고 해도 좋다. 생각해보면 스파이의 기술은 속임술의 집대성과 같은 것이 아닌가 싶다.

평소에 잘해야 권모술수의 대가가 된다

O

거짓말을 할 경우 꼭 명심해야 할 것은 나에 대해 의심스럽다거나 어딘지 구리다는 인상을 조금이라도 받게 해서는 안 된다는 점이다. 평상시 진지하고 정직하다는 인상을 주위 사람들에게 안겨줄 수 있으면 그게 최고이며 가장 효과적이다.

예를 들어 희극의 참맛은 가능한 한 심각한 표정과 대사를 구사하여 관객들을 뱃속으로부터 웃게 하는 데 있다고 한다. 희극의 천재라는 채플린이 바로 그런 사람이었다. 관객들은 웃지 않는데 연기를 하는 당사자만이 열심히 웃고 있다면 그건 진정한 희극이라고 할 수 없을 것이다.

거짓말도 이와 마찬가지다. 평상시부터 매우 진지하게 말하여, 누구보다도 올바른 말을 가장 사랑한다는 식의 자세를 보여줘야만 거짓말의 위력이 발휘된다. '아, 저 친구는 거짓말쟁이야'하고 상대방이 생각하도록 한다면 막상 중요한 때 가서는 "늑대야!"라고 소리친 양치기 소년밖에 되지 않을 것이다.

어차피 일상 생활의 사소한 일은 어떻게 되어도 상관 없는 일이 압도적으로 많은 법이다. 따라서 아무래도 상관이 없는 일로 거짓말을 하는 것은 바보 같은 짓이다. 에너지만 손실될 뿐이다. 평상시 좋은 사람으로 느끼게 하는 일이야말로 거짓말쟁이로서의 기본자세라고 하겠다.

최소한 '일일일선(一日一善)'을 하는 사람이 바로 나다'하는 인상을 심어 줄 필요가 있다. 그러다가 기회가 오면, 즉 결정적인 때가 오면 얼음장보다 더 차게 '아니오, 모르오'하고 부정해 버려야 하는 것이다.

〈오징어게임〉에서 첫 번째 게임이 끝나고 일상으로 돌아온 상우는 이주노동자 알리에게 집까지 돌아갈 차비를 준다. 이로 인해 알리는 상우를 믿게 되지만 믿는 도끼에 발등을 찍힌다. 구슬치기 게임에서 알리는 결국 쓰디 쓴 배신의 맛을 보게 된다. 처음부터 속일 계획으로 상우가 알리에게 잘해 준 것은 아닐 것이다. 하지만 상우는 자신에게 도움이 되는 이미지를 쌓는 법을 알고 있었다.

권모술수나 거짓말의 진정한 효과는 바로 이때 나타난다는 것을 명심하기 바란다.

제7장

○
△
□

불효
예찬론

부모를 이용하는 일을 조금도 주저할 필요가
없다. 그것이 돈이든 지위든 이용할 만한 부
모를 가지고 있다는 것은 그만큼 강자로서 남
보다 한 걸음 앞서 시작할 수 있는 유리한 입
장에 있다는 것 아닌가.

01 사랑이란 이름의 포장지를 뜯어라

아들아, 이제 빚을 갚아야지

○

"아버지다운 자는 적고, 어머니다운 자는 없다."

이것은 아이슬란드의 격언이다.

무엇을 가지고 '아버지답다' 혹은 '어머니답다'라고 말하는지 그 점이 의문이지만 어딘지 모르게 섬찟한 느낌을 주는 말이다. 무엇이 아버지답고 어머니다운 것인가 하는 것에 대해서는 별도로 따지기로 하고, 여기서는 부모와 자식 간의 관계를 다시 한 번 확인해 둘 필요가 있을 것 같다.

오늘날 부모와 자식 간의 관계는 한마디로 말해서 과잉보호의 시대다. '핵가족의 시대다', '세포 분열 식의 가족시대다'하며 부모와 자식이 서로의 독립을 인정하는 분위기가 조성되어 가고 있는 것처럼 그려지지만 실제 상황은 다르다.

□

핵가족이라는 말의 뉘앙스와는 반대로 현대의 부모와 자식 간의 관계는 50년대의 그것보다 오히려 더욱 결속되었다고 말할 수 있다.

초등학교와 중학교의 입학식, 졸업식에 부모가 동행하는 것은 이해할 수 있지만 대학 입학식에 부모가 동행한다는 것은 이해하기 어렵다. 그런데 최근 대학 입학식에서는 동행한 부모의 수가 신입생의 수보다 많아지는 정경이 나타나고 있다. 이런 일이 한층 더 발전하여 면접을 보거나 입사하는 날에 부모가 자녀와 함께 회사에 모습을 나타내는 경우가 늘어나고 있다고 한다. 어째서 그런 기현상이 나타나게 된 것일까. 그 이유는 핵가족화라고는 하지만 피차가 서로의 독립성을 인정하지 않기 때문인 것 같다.

부모의 곁을 떠나서 하나의 가정이 형성되는 시기에 있어서는 서양과 동양이 각기 좀 다르다. 미국이나 유럽의 경우에는 자식이 성인이 되어 돈을 벌 수 있게 된 시점에서 독립이 시작되지만, 동양에서는 결혼이 계기가 되는 것이 일반적이다. 그것도 여성 쪽이 시어머니와 함께 생활하는 것을 싫어한 나머지 남편을 설득해서 독립이 이루어지는 경우가 많다.

사회인이 된 후에도 여전히 부모 밑에서 계속 생활하는 자녀가 많은 경우는 서양에서는 보기 드문, 동양에만 있는 특이한 현상인 것 같다. 〈오징어게임〉에서 마흔 중반이 되도록 어머니와 동거하는 기훈 또한 이런 과보호된 모습을 보이고 있다.

미국이나 서구 여러 나라에서는 자녀가 성인이 되면 예외 없이 별거한다. 그러나 그들 자녀는 일해서 번 돈 가운데 일정액을 부모에게 보내준다. 돈을 보내준다는 것은 부모의 투자를 받은 자녀가 갚는 일인 것이다. 자녀를 키우려면 대략 20여 년에 걸쳐 돈을 쏟아넣지 않으면 안 된다. 이에 대해 서구권의 자녀는 이자를 붙여 부모에게 갚는 것이다.

동서양 간에 다르게 나타나는 부모와 자식 간의 이러한 양상을 채무적 관계로 보든 수탈적 관계로 보든 그건 자유다. 중요한 것은 부모와 자식 간의 관계란 본래 불안정한 것이므로 원래부터 정해진 것은 없으며 생활 습관과 사고방식에 따라 각각 다를 수 있다는 것이다.

부모를 공경하라는 가르침을 거부하라

○

다시 부모와 자녀 사이의 관계를 뿌리부터 철저하게 조명해 보자.

'부모를 공경하라'는 말은 석가, 공자, 예수 모두가 한 말이다.

그러나 이 말을 분석해 보면, 무사안일주의가 단단히 뿌리박혀 있다는 것을 깨닫게 될 것이다. 예수나 석가가 살아 있었던 시대, 즉 지금으로부터 2천 년쯤 전의 지구는 지금 우리로서는 상상하기 어려울 정도로 가난과 빈곤에 허덕이며 제대로 먹지 못하는 생활을 하고 있었다.

□

물론 직업이나 계급은 완전히 고정되어 있었다. 따라서 농부의 자녀는 농부로, 하급 무사의 자녀는 하급 무사로, 어부의 자식은 어부로, 사냥꾼의 자식은 사냥꾼이 되도록 운명지어져 있었다. 그리하여 그것을 당연한 것으로 여기고 있었다.

농부의 아들이 장군이 되려고 마음먹는다던가, 하급 무사의 아들이 영주의 자리에 앉겠다고 하는 생각은 아예 가질 수가 없었다. 그리고 그런 생각은 일종의 위험한 사상으로서 지배계급으로서는 환영할 수가 없는 사고방식이었다.

따라서 불손한 생각을 갖지 않도록 "너희들의 부모를 보라. 그리고 부모를 공경하라"고 계속 가르쳐 왔던 것이다. 부모를 공경하고 있는 한 자식은 부모를 이상적인 존재로 여기고 있기 때문에 자연적으로 뒤를 계승하려고 하게 된다. 지배계급으로서는 이처럼 다행한 일은 또 없었다.

이러한 가르침은 유교 사상과 함께 동양 사람들은 물론이고 서양 사람들의 머릿속에도 오랫동안 깊게 뿌리박혀 있었다. 부모를 공경하는 얌전하고 착한 자식으로 커가는 것은 봉건 군주나 군국주의에서는 참으로 고마운 일이었다. 그래서 그들은 틈만 나면 부모를 소중히 모시자고 호소함으로써 위험한 반역자, 반골(反骨) 분자의 출현을 저지해 왔다고 볼 수 있다.

부모도 본전 생각이 간절하다

○

이와 같은 환경에서 자라난 부모들인지라 그들도 자녀에게 똑같은 것을 기대하며 요구한다. 심지어는 "아버지나 어머니는 너를 한 사람의 어엿한 청년으로 키우기 위해 이렇게 고생을 하고 있단 말이다"라는 말을 되뇌이며 애정을 세뇌시키기까지 한다.

그것은 때로 과잉보호라든가 맹목적인 사랑의 형태를 취할 때도 있다. 자식 입사식에까지 따라가는 예가 그것을 설명하는 가장 두드러진 경우라 할 수 있을 것이다.

이런 부모들의 무의식적 속셈은 장차 자식으로부터 금전적인 보답, 노후의 의존을 기대하고 있는 것이 뻔하다. 그런데 자신들의 모든 행동을 애정이라고 하는 포장지로 그럴싸하게 감싸고 있으므로 그것을 거역하거나 비난하기란 여간 어려운 일이 아니다.

대학 부정 입학 같은 사건이 이기적 과잉보호의 대표적인 경우라고 할 수 있다.

자식이 대학에 합격하기를 바라는 것은 부모로서 당연하고 자연스러운 일일 것이다. 그리고 그것을 위한 교육적인 투자도 어느 정도까지는 어쩔 수 없다. 그렇지만 무능한 자식을 위해 거액의 돈을 들여 뒷구멍으로 대학에 입학시키려는 부모의 속셈은 무엇일까? 유명 대학의 졸업은 좋은 직장의 확실한 보장이고, 좋은 직장은 높은 수입의 보장이며, 높은 수입은 부모를 위한 괜찮은 보답으로 이어지리라는 계산으로 꽉 차 있을 것이다.

□

미국의 모 대학 의학과에 부정 입학 사건이 발생해 큰 화제가 된 일이 있었다. 자그마치 백만 달러 이상의 돈을 쓴 것으로 전해지고 있다. 아무리 큰돈이 들어도 후일 자식이 의사가 되면 그런 투자액 같은 건 이내 회수할 수가 있다는 계산이 있었기 때문이라고 대략 짐작이 간다.

이렇듯 '검은 손익 계산'인데도 그것을 자식에 대한 애정이라는 말로 바꿔치기하는 것이 부모애의 진실이다.

부모의 계산된 애정에 속지 말라

O

당신은 이렇듯 부모의 계산된 애정에 넘어가서는 안 된다. 당신은 결코 부모를 위해 '황금알을 낳는 거위'가 되어서는 안 된다.

부모가 애정이란 포장지를 사용하지 말고 차라리 본심을 털어놓는다면 그건 그런 대로 납득할 수도 있을 것이다.

"너를 의사가 되게 하려는 것은 결코 너를 위해서가 아니야. 부모인 우리들의 노후를 우아하고 안락하게 하기 위해서야. 우리는 어떻게 해서든지 돈을 대줄 테니까 너는 돈을 잘 벌 수 있는 의사가 되어다오."

이렇게 말해 준다면 훨씬 속시원할 것이다. 묘한 애정론을 들이대는 것보다 훨씬 이유가 선명하다. 그러면 자식 쪽에서도 쉽게 납득하여 의사 국가시험에 단번에 합격할 수 있도록 열심히 공부하여 빨리 개업을 하게 될 테고, 돈벌이와 탈세를 연구해 가면서 부모의 투자에 대하여 이자를 붙여 갚아주지 않겠는가.

그런 점에서 프랑스의 부모와 자식 간의 관계는 극히 냉정하면서도 동시에 엄격하다. 자식이 성인이 되어 사회인이 될 때까지 소요된 투자액을 소상하게 기록하여 그 자식이 독립하여 별거했을 때 그 명세서를 건네주는 부모도 있다고 한다. 이쯤 되면 부모 쪽에 있어서는 자녀 양육이 투자 내지 투기가 될 것이며, 또한 자식 쪽에서 볼 때는 반제(返濟) 내지 배당이라고 하는 완전한 비즈니스적 관계가 성립된다.

다시 말해서 피차간에 경제적인 이익을 인정하고 서로 이용하는 셈이 된다. 어쩌면 부모와 자식 간의 관계도 이쯤 되어야 비로소 현대적인 의미로서의 참다운 애정이 생겨나는 게 아닌가 싶기도 한다.

영국의 유명한 작가 버나드 쇼도 이런 말을 했다.

"부모라는 것은 하나의 중요한 직업이다. 그러나 지금껏 한 번도 부모라는 직업의 적성 검사가 이루어진 일은 없었다."

□

02 부모를 무기 삼아 활용하라

부모라도 이해타산을 따져봐라

○

부모와의 정에 연연하지 않고 철저하게 이해타산을 따짐으로써 스스로 천하를 통일하여 패왕(霸王)이 된 사나이가 있다. 진나라 시황제가 바로 그 사람이다.

시황제의 아버지는 여불위(呂不韋)라고 했으며 본시 일개 장사꾼에 지나지 않았다. 그러나 여불위는 돈 버는 데 소질이 있었을 뿐만 아니라 야심가이기도 했다. 그는 조희(趙姬)라고 하는 춤을 잘 추고 미모인 여자를 첩으로 거느리고 있었다. 그런데 이 조희를 당시의 진왕이 좋아하자 여불위는 자신의 영예를 위해 그녀를 임금에게 바쳤다.

그즈음 조희는 이미 임신을 하고 있었다. 아이는 여불위의 씨였다. 진왕에게 진상된 조희는 얼마 후 아들을 낳았으며, 이름을

△

정(政)이라고 불렀다. 이 아이가 바로 후일의 시황제였다. 다시 말해 시황제는 장사꾼이었던 여불위와 그의 첩 조희 사이에 태어난 아들이었다. 그렇지만 전후 사정을 모르는 사람들은 정이 진왕의 자식이라고 믿고 있었다.

진왕이 죽자 당연한 일이지만 정이 제왕의 자리를 이어받았다. 그 바람에 여불위도 출세를 하여 마침내 재상의 자리에 올랐으며 조희는 태후라고 불리게 되었다. 말하자면 일개 평민으로서 황족의 자리에 오른 셈이다.

그러나 조희(태후)는 음탕한 여자였다. 그녀는 남자 없이 견뎌내지 못하는 타입이어서 여불위와 다시 가까이 지내게 되었다. 이 무렵 노애라는 정력절륜(精力絶倫)의 노예가 있었다. 그는 정력이 강할 뿐만 아니라 소문난 거근(巨根)의 주인공이기도 했다. 조희의 지나친 음탕에 그만 넌더리가 난 여불위는 노애와 조희를 묶어 주었다. 음탕한 조희는 노애와 한번 관계를 갖자 그만 그의 육체에 매료당해 밤낮을 가리지 않고 성의 향연을 즐겼다.

당시 이미 제왕의 자리에 앉아 있었던 시황제는 자기를 낳아준 어머니의 음탕한 정사를 알고는 크게 노해 버렸다. 후세에 알려진 바이지만 이미 그때 시황제에게는 냉정하고 혹독한 성정이 싹터 있었다고 한다. 그리하여 그는 즉시 노애를 죽여 버렸고 어머니인 태후는 다른 나라로 추방해 버렸으며 아버지인 여불위 역시 감독이 철저하지 못했다는 죄를 물어 면직시킨 다음 하남으로 추방해 버렸다. 여불위는 추방된 하남 땅에서 자결해 버렸다고 한다.

□

모질고 난폭함은 힘의 근원이다

O

이렇게 해서 시황제는 자기를 '먹이'로 이용하고 있었던 양친을 스스로의 손으로 처단해 버렸다. 우아하고 안락한 노후는 물론이거니와 일개 상인으로서는 상상도 할 수 없었던 높은 지위에 오를 수 있었다. 권세와 주색을 멋대로 하고 있었던 시황제의 부모였지만 일단 젊은 아들의 눈에 벗어나자 가혹하게 그리고 참담하게 내쳐진 것이다.

그 후 황제는 평소부터 생각하고 있었던 법치주의에 의한 전제국가 건설에 착수하였다. 내부의 법제를 갖춤과 동시에 이웃의 여러 나라를 차례로 정복해 나갔다. 그리하여 제멋대로 소란을 피우던 전국시대에 종지부를 찍고 마침내 대진제국(大秦帝國)에 의한 전국 통일을 이룩했던 것이다. 천하통일과 동시에 그는 온갖 제도의 개혁에도 성공했다. 시황제의 업적은 헤아릴 수 없을 정도로 많지만, 기념비적인 것으로는 현재도 남아 있는 그 유명한 만리장성이 있다. 이 만리장성이야말로 중국 최초 통일 국가로서의 상징적인 유적이라고 할 수 있다. 또한 그때까지 각국에서 멋대로 유지되던 도량형을 통일했으며, 문자를 통일했고, 군현(郡懸) 제도를 발족시키는 등 매우 혁신적인 일들을 해냈다.

용서할 수 없다고 해서 자기의 친부모까지 단죄한 시황제는 확실히 모질고 박정한 성격의 소유자다. 그는 위대한 업적도 많이 남겼지만, 반면에 분서갱유(焚書坑儒)라고 불리운 난폭한 행동도

△

마키아벨리즘의 오징어게임

했다. 그 때문에 그를 역사상 가장 잔학무도한 폭군이라고 보는 사람도 적지 않다.

그렇지만 대진제국은 중국 통일을 이루었으며, 그의 생존 중에는 꿈쩍도 하지 않는 강대국이 되었다. 시황제가 이렇듯 큰일을 할 수 있었던 근원적인 힘은 그가 법치국가로서의 여러 제도를 확립해 가는 데 있어서 마땅치 않은 존재라면 부모라도 처단하는 엄한 면을 지니고 있었다는 점에 있다. 또 반역의 기미를 보인 자는 가차 없이 해치우고 단호하게 여러 제도를 정비해 나간 그의 유례없는 난폭함도 한몫했다. 강한 돌진력, 바로 그것이 시황제의 힘의 근원인 것이다.

부모를 발판으로 딛고 올라서라

○

본래 장사꾼의 아들에 불과했던 시황제가 진나라 황제의 자리에 앉게 된 것은 오직 아버지 여불위의 기책(奇策) 덕분이었다. 애첩인 조희의 뱃속에 자신의 씨가 들어 있는 것을 알면서도 그러한 조희를 진왕한테 진상한다는 계략을 생각해 낸 여불위는 일종의 천재적인 야심가라고도 할 수 있다.

시황제는 자신의 출생의 비밀을 알고 있었다. 따라서 시황제가 여불위와 태후를 처단하게 되었을 때는 아무리 혹독한 성격의 주인공이라고 하더라도 마음속으로 고민하고 괴로워했을 것은 충분히 상상할 수가 있다. 그러면서도 끝내 일을 단행한 점이 일반적인 범인(凡人)과 다른 점이라고 하겠다.

부모를 발판으로 해서 제왕의 자리에 앉았으면서도 그 부모가 마땅치 않은 존재가 되었을 때는 처단해 버린 것이다. 이렇듯 계산된 행동 속에서 우리는 무한한 교훈을 배워야 할 것이다. 자식된 자로 부모를 발판으로 딛고 올라서라는 교훈이다.

자식이 부모를 발판으로 하는 게 무슨 잘못이 있단 말인가. 그것이 부모의 사회적 지위든 뭐든 간에 이용 가치가 있다면 마땅히 이용해야 할 것이다.

실제로 오늘날에도 상당수의 정치가들이 부모의 기반을 계승하여 의원 선거에 출마하고 있다. 한 예로 대통령에 당선되었던 한 사람의 인기를 조사해보니 과거 대통령이었던 그의 아버지에 대한 그리움과 존경이 원인으로 지목되었던 일도 있다.

선거 때마다 유명 정치인의 2세 출마가 증가하고 있다. 그들은 부모의 지명도를 기반으로 하여 권력으로의 길을 모색하고 있는 것이다.

기업가 중에서도 부모를 발판으로 하여 성공한 사람은 무수히 많다. 대부분의 창업자들은 자기 자식에게 후계자의 자리를 물려주려고 하고 있다. 자식 편에서도 그런 풍조를 쉽게 받아들여 젊은 나이에 사장 자리에 앉고 있다. 이러한 예는 헤아릴 수 없이 많다. 부모를 위시하여 기타 일체의 원조 없이 맨손으로 한 걸음 한 걸음 올라가지 않으면 안 되는 부류들에 비하면, 하늘과

△

땅 만큼의 엄청난 차이가 나는 행운아들이 아닌가.

부모를 이용하는 일을 조금도 주저할 필요가 없다. 그것이 돈이든 지위든지 간에 이용할 만한 부모를 가지고 있다는 것은 그만큼 강자로서 남보다 한 걸음 앞서 출발할 수 있는 유리한 입장에 있다는 것이다.

부모의 후광에 힘입으라

○

정계와 재계의 '부모 이용'은 너무 흔한 일이므로 여기서는 연예계의 사례인 미모의 여배우 A라는 여인을 소개해 본다.

A양은 세계적으로 유명한 화가의 딸이었다. 그렇지만 정상적인 부부 관계의 소생이 아니라 고급 살롱의 마담과의 사이에서 태어난 자식이었다. 거기다 화가인 아버지는 잘 돌봐주지도 않은 처지였다.

그녀는 살롱이라는 환경 속에서 여배우로 온갖 훈련을 쌓는 한편 아버지의 유명한 이름을 철저하게 이용하는 것 또한 잊지 않았다. 유명한 화가인 아버지 이름은 그녀에게 무척 고마운 존재였다.

그녀는 우선 매스컴을 타는 방법을 연구했다. 비록 용모는 빼어난 편이라 하더라도 신인으로서는 신문이나 방송, TV에 클로즈업 되기가 여간 어려운 일이 아니다. 여기서 그녀는 모든 기자들에게 자기보다 아버지에 관한 에피소드를 더 많이 떠들어 대었다. 심지어 자신이 어떤 소생인가 하는 사실까지 다 털어 놓았다.

화가로서의 아버지가 워낙 알려진 터라 그녀의 계략은 적중했다. 그녀는 서서히 스타로 부상하기 시작했으며, 그녀의 '부친 후광 업기' 작전은 그야말로 빛을 발하기 시작했다.

사람에 따라서는 그녀의 지나친 자기 홍보에 혐오감을 표시하기도 했지만, A양은 그 정도의 중상이나 시샘쯤은 아무렇지도 않아 했다. 내 목적만 달성되면 그만이니까, 그리고 목적 달성에는 그만큼의 어려움이 있고 고통을 이겨내야 한다는 것을 그녀는 이미 터득한 터였으니까.

지금까지는 A라는 익명의 여배우를 예를 들어 이야기했지만, 좀 더 실감나게 실명을 밝힐 수 있는 '후광 업기 작전'의 성공 사례를 이야기해 보고자 한다.

세계적으로 유명한 패션모델이자 배우였던 마고 헤밍웨이가 대표적인 사례다. 그녀가 사진작가 스카블로에 의해 발탁될 때까지만 해도 그녀는 촌티가 물씬 풍기는 무명 중의 무명이었다. 그런데 그때 여성 월간지 〈코스모폴리탄(Cosmopolitan)〉, 〈에스콰이어(Esquire)〉의 표지 사진작가인 스카블로가 나타났다. 스카블로는 그녀가 개성만 잘 살린다면 모델로서 대성할 수 있는 소지를 지니고 있음은 물론이거니와, 유명한 어니스트 헤밍웨이의 손녀라는 것을 알고는 스타로서의 마고 헤밍웨이를 만들어내기 시작했다.

스카블로의 의도는 적중하여 마고 헤밍웨이는 패션계의 원더

우먼이 되었으며 배우로서도 슈퍼스타로 성장했다. 뿐만 아니라 마고 헤밍웨이의 동생도 언니의 길을 그대로 밟아 미국의 패션계는 그 자매가 주름잡았다고 해도 과언이 아닐 정도였다.

또 하나의 실례로는 제인 폰다가 있다. 물론 그녀 자신이 기본적인 마스크를 가지고 있었다고는 하지만 헨리 폰다의 딸이 아니었더라면 그녀는 아마 삼류 배우를 면치 못했을 것이다. 그만큼 경쟁이 치열한 미국의 영화계이니까 말이다.

그녀는 헨리 폰다의 점잖은 인상에 먹칠을 함으로써 더욱 유명해졌는데, 말하자면 '헨리 폰다의 말썽꾸러기 딸'로서 매스컴을 타기 시작해 급기야는 대스타로 발돋움한 것이다.

일단 스타 반열에 오르자 그녀는 과거의 말썽꾸러기 이미지를 불식시키기 위해 반전(反轉) 운동가가 되어 또 한바탕 소란을 피웠다. 후자, 즉 반전 운동가로서의 소란은 그녀를 말썽꾸러기보다는 의식 있는 일에 흥미를 가지고 있는 꽤나 끼 있는 여배우로 둔갑시켰다. 그리하여 이제 그녀는 반전의 여배우로서 사회 지도적 인사로 깊게 인식되어 있다.

아버지의 명성을 이용하라

O

척 영은 만화 《블론디》로 유명한 세계적인 만화가다. 그의 만화는 지금도 전 세계에 보급되어 있다. 그러나 실은 척 영은 이미

□

고인(故人)이다. 그의 아들 딘 영이 아버지의 이름으로 그 만화를 제작하고 있는 것이다.

그러나 여기서 우리가 주목해야 할 것은 딘 영이 아버지의 업을 계승했다기보다 아버지의 명성을 우려먹고 있다는 것이다. 왜냐하면 그가 진실로 재능 있고 창조 능력이 있는 만화가라면 그는 다른 주인공을 내놓았어야 하기 때문이다.

그러나 딘 영은 《블론디》를 계속 우려먹고 있다. 그 이유는 그가 만화가이기보다는 경영자이기 때문이다. 그는 사업을 하고 있는 것이지 창작을 하고 있는 게 아니다. 그러니 사업상 아버지 척 영이 일궈놓은 《블론디》의 이미지를 우려먹는 것이다.

부모에게 이용당하지 말고 주저 없이 이용하라

○

결국 이 장에서 강조하고 싶었던 말은 다음과 같은 세 가지 내용으로 요약할 수 있다.

첫째, 부모를 존경하지 말라는 점이다. 그 인물이 인간적으로 존경할 수 있는지 없는지 혹은 지식이나 경험에 있어서 경탄할 만한 것을 가지고 있느냐 없느냐 하는 것은 여기서 일절 문제삼을 필요가 없다. 부모들 중에는 훌륭한 인격과 식견을 갖추고 있는 사람도 확실히 존재한다. 그렇지만 이런 것들은 그냥 허심탄회하게 인정해 버리는 정도에서 끝내야 한다. 따라서 "아버지와 어머니는 훌륭한 사람이니까 무엇이든지 부모의 말씀을 잘 듣는 자식이 되겠다"고 하는 것은 미련한 짓이다. 이 사실을 분명히 깨닫고 있어야 한다.

둘째, 부모에게 이용당하지 말라는 점이다. 아무리 훌륭한 부모라 하더라도 그들은 자식에게 자신들의 장래 꿈을 위탁하려고 하는 법이다. 그것이 인간의 감정상으로 자연스러운 일인지 모르겠지만, 자식의 입장에서 본다면 한 번밖에 없는 자기 인생이기 때문에 자기가 진실로 원하는 길을 살아가는 편이 옳다. 그래야 이 세상에 태어난 보람이 있는 것이다. 적어도 이 책을 읽는 독자는 부모의 의향에 휘둘리는 일 없이 스스로의 판단으로 자신의 인생을 걸어가 주기 바란다.

마지막으로 말하고 싶은 것은 어떠한 부모든 간에 이용할 수 있는 것은 주저하지 말고 이용하라는 점이다. "부모의 힘으로 올라가다니 싫어"라는 식으로 코흘리개 같은 말을 하지 않기를 부탁한다. 친구, 선배, 상사, 이성… 이용할 수 있는 것은 무엇이든지 이용해야 하며, 부모 역시 그러한 대상에서 벗어날 수 없다.

이 세 가지를 여러분은 잘 분석하고 이해하여 당신의 장래를 위한 무기로서 최대한 활용해 주기 바란다.

끝으로 한마디 더 해주고 싶은 것이 있다. 쌍둥이 딸을 잘 훈련시켜 가수로 만들어 TV, 밤무대 행사장 등 여기저기로 끌고 다니며 많은 돈을 벌고 있는 어떤 부모가 있는데, 그 정도면 지극히 잘 해낸 부모라고 할 수 있다. TV에서는 이들을 온갖 비난으로

□

매도할 것이다. 그러나 악마의 지혜를 습득한 이라면 함께 그들을
비난할 것이 아니라 그들의 방법을 배워야 한다. 그렇듯이 여러분
도 반대로 부모를 선용하여 성공해야 한다.

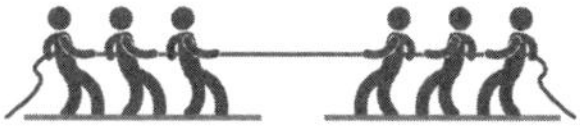

제8장

○
△
□

분노의
미학

분노의 감정을 잃은 무기력한 인간은 도태되
고 만다. 사나이는 혼자서 조용히 분노의 감
정을 불살라야 한다. 분노를 터뜨릴 때는 그
것을 야금야금 내뱉어서는 안 된다. 차분히
발효시키다가 단숨에 폭발시켜야 한다. 분노
의 감정을 분출시킬 때는 뒤에서 도끼를 내리
치는 요령으로 해야 하는 것이다.

○
△
□

01 분노의 감정을 불사르라

노여움을 잃은 자는 병적 무기력자다

○

샐러리맨을 주인공으로 한 만화를 그리고 있는 어떤 만화가에게 현대 샐러리맨의 특징을 한 마디로 꼬집어 달라고 하자, 그는 이렇게 대답했다.

"그거야 고분고분 말 잘 듣는다는 데에 있지요."

다시 그 만화가에게 왜 그렇게 생각하느냐고 물었더니, 그는 이렇게 우스갯소리를 했다.

"많은 지식층들이 그렇게 말하고 있으니까요."

때때로 궤도에서 벗어난 위험스럽고 액티브한 샐러리맨도 있지만, 현대의 학생이나 젊은 샐러리맨의 특징이 고분고분함에 있다는 것은 독자 여러분도 동의할 것이다. 그 고분고분함이 도를 넘어서 유약할 정도로 무기력한 인간이라든가 청년기의 성불능

□

현상까지 발생하고 있다는 것은 이미 앞에서 언급한 바 있다.

레이몬드 챈들러(Raymond Chandler)는 《위대한 잠》을 쓴 미국의 유명한 탐정 소설가인데, 그는 또 비정파(非情波) 소설인 《하드 보일드(hard boilde)》의 대표적인 작가이기도 하다. 이 하드 보일드의 작가는 다음과 같은 명언을 남겼다.

"남자는 강인하지 않으면 살아갈 수 없다. 그러나 동시에 고분고분하지 않으면 살아갈 가치가 없다."

챈들러의 이 말 중 앞의 구절에 대해서는 결코 이의가 있을 수 없다. 그러나 뒷구절은 여러분이 만일 그 뜻을 글자 그대로 받아들인다면, 즉 즉흥적으로 받아들인다면 오역하기가 십상일 것이다. 여기서 챈들러가 말한 고분고분함이란 끝없는 강인성에 대한 조화로서 말한 것이지 결코 순한 인간이 되라는 의미는 아니다.

그런데 오늘날은 노여움을 잊어버린 고분고분한 젊은이들이 늘어나고 있다. 유약하기 그지없는 평화주의자들뿐이다. 이와 같은 지적은 앞서 말한 그 만화가만의 관찰이 아니다. 미디어에서도 이 점은 자주 지적되고 있으며, 실제 강단에 서는 교수급 식자에 의해 오늘날의 대학생을 지배하고 있는 병적인 무기력함이 심각하게 지적되고 있다. 말하자면 '의식의 여성화', '의식의 식물화'가 이루어지고 있는 것이고 이는 사회적 적신호다.

노여움을 오래 간직하라

○

분노할 줄 모르는 인간이 너무 많다.

일시적으로 불끈 화를 내는 사람은 얼마든지 있지만, 그와 같은 분노의 감정도 어느 정도의 시간이 지나면 깨끗이 잊어버리고 만다. 설사 분노가 있다 하더라도 너무나 일시적이다.

노여움을 오래 간직할 줄 알아야 한다. 독일인의 기질처럼 말이다.

독일인의 전범(戰犯)에 대한 태도는 아직도 여간 강경한 게 아니다. 여태껏 나치의 간부에 대한 탐색, 추궁, 처벌을 허술히 하고 있지 않고 있는 것이다.

또한 전시 중 나치한테 혹독하게 당한 유태인들의 복수에 대한 일념은 우리의 상상을 초월한다. 브라질이라든가 아르헨티나 혹은 아마존 오지의 숲까지 샅샅이 뒤지며 옛 나치 패거리들을 악착같이 찾아나서고 있다.

이와 같은 육식(肉食) 민족의 완벽주의는 때로 소름을 끼치게 하지만 그 집요함, 철저함, 노여움 같은 것을 보고 있으면 도저히 '온화한 무기력' 같은 것은 상대가 되지 않겠다는 판단이 든다.

제2차 대전 후 세계는 대체적으로 행운의 은혜를 입어 눈부신 경제 성장을 이룩했다.

그러나 이런 상황이 언제까지고 계속된다고 생각한다면 그것은 큰 오산이다. 틀림없이 세계 각국은 자기 나라의 이익을 위해

□

181

에고이즘대 에고이즘의 대결을 벌일 것이며, 소용돌이가 몰아치는 수난의 시대가 올 것이다. 이미 그런 징후는 너무나도 많이 나타나고 있지 않은가.

그러한 혼란이 미친 국제화 사회에서는 분노를 잊은 민족이나 국가는 제대로 주먹을 들고 큰소리로 자기 주장조차도 할 수 없게 될 것이 분명하다.

맹렬한 분노가 세계를 구한다

○

이미 세계는 확실히 힘의 정치 시대에 돌입하고 있다. 힘과 힘의 공방(attack and defence)을 도처에서 볼 수 있다.

이러한 상황의 근원은 서문에서 언급한 것처럼 세계적인 자원의 부족에 있다. 이미 공급이 수요를 따르지 못하고 있기에 장래 더욱더 악화할 것이 확실하다. 자원의 쟁탈전이 시작되고 있는 것이다.

최근 국제적 긴장 상태를 보고 있으면, 이미 예비 전쟁의 단계에 돌입했다고 해도 지나친 말이 아니다.

힘의 시대에 필요한 것은 무기력함이라든가 고분고분함이 아니다. 이러한 시대에 필요한 것은 펀치의 힘인 것이며, 상대방에게 호통칠 만한 기력, 교묘하게 속여 뒤집어엎어 놓는 술수, 상대방의 잘못을 소리 높여 지적할 수 있는 변설(辯舌), 상대방을 겁에

△

질려 떨게하는 사나운 불꽃과 같은 분노다.

1962년 쿠바 위기 때의 일이다. 당시 소련의 흐루쇼프는 쿠바에 미사일을 반입하려고 했고 케네디는 이를 저지하려고 하였다. 그리하여 양국은 일촉즉발의 긴장 상태에 빠졌다. 쿠바는 미국에 가까웠으므로 여기에 핵미사일을 가지고 들어간다는 것은 글자 그대로 목에 비수를 들이대는 것이나 다름없다고 하겠다.

이때 케네디의 분노는 무서울 정도였다. 분노가 하늘을 찌를 기세였다. 미국의 전 함대와 항공기는 즉각 출격 태세를 갖추었으며, 모든 대륙간 탄도탄은 핵탄두를 부착하여 모스크바를 향해 조준되었다. 그 전 해에 케네디는 미국의 쿠바 상륙 작전에서 실패를 했으면서도 그런 건 전혀 아랑곳없이 전면 전쟁이라도 불사하겠다는 각오로 노여움을 펴보였던 것이다.

케네디의 분노에 소련도 그대로 강행하는 것이 불리하다는 것을 깨닫고 그대로 힘없이 물러설 수밖에 없었다. 케네디라는 인물 자체는 여배우와의 스캔들이라든가 월남 전쟁 개입의 오산 등 여러 가지로 문제가 많은 사나이였다. 그렇지만 쿠바 위기에서 보여준 맹렬한 불꽃같은 분노, 이것만은 정말로 멋있었다. 이와 같은 그의 분노가 미국과 세계를 구했던 것이다. 그리고 그것 때문에 지금까지 기억되고 있는 것이다.

□

분노를 모르는 인간은 어리석은 자다

○

"분노를 모르는 인간은 어리석은 자다."

이것은 영국의 격언이다.

영국인 하면 세계 어디에서나 신사적이고 유하다는 인상을 받고 있다. 그렇지만 제2차 대전 때는 히틀러의 공세를 끝까지 견디고 이겨 내어 마침내 역사적 항공전인 '브리튼 전쟁(batte of Briton)'에서 역전승을 거둔 근성 있는 국민이라는 것을 잊어서는 안 된다.

"어이, 이제 난 화가 났어"하며 끝까지 싸워 나가는 것이 영국인의 기질이다.

미국의 '양키 기질'과는 대조를 이루고 있다. 미국 럭비 시합을 보고 있으면 그들이 얼마나 거칠고, 사나우며, 또한 끈질긴지 그들의 전투적인 기질을 잘 알 수 있게 된다. 우리는 영국인과 미국인의 기질 양쪽을 다 익혀 둘 필요가 있다.

세계의 정상에 있는 올 블랙스(All Blacks) 럭비 팀은 시합에 들어가기 전에 사기와 단합을 올리기 위해 함성을 지르는데 마치 피를 본 맹수의 아우성과 같다. "쉿! 쉿!"하는 그들의 '워 크라이(war cry)'는 완전히 비명과 절규에 가까워서 경기도 하기 전에 상대 팀의 기를 꺾어 버린다.

영국의 강인함을 가볍게 보면 크게 당할 것이다. 지금은 위세가 예전만 못해도 그들이 분노를 잊은 민족으로까지 떨어졌다고는 도저히 생각할 수 없다. 반드시 들고일어날 것이다. 불사신의 권투선수처럼 상대편이 치다가 지치기를 기다리고 있는지도 모른다. 그때가 무섭다.

겉치레뿐이 아닌 강한 분노를 발산하라

○

분노의 감정을 잊어버린 또는 '지나칠 만큼 무기력하고 맥빠진' 현대인들, 특히 젊은이들의 내일이 불안하기만 하다. 이렇듯 저항할 줄 모르는 인간들에게 닥쳐올 내일은 보통 먹구름이 아닌데 말이다.

물론 흔히 말하는 분노의 목소리라는 게 완전히 사라진 것은 아니다. 오히려 언론을 통해 울려나오는 분노의 소리는 전보다 더 강렬하고 준엄한 듯하다. 또 이른바 '국민의 시대'이므로 전부 한마디씩 하고 있는 듯 하기도 하다.

그러나 그런 분노의 흉내는 겨우 향불을 지피는 정도의 열기만 있을 뿐 알맹이는 아무것도 없다. 그것은 절대 유익한 에너지의 발산이 아니다.

매일매일 신문 제목을 보다 보면 제법 떠들어 대는 것 같다.

〈또다시 위법 스트라이크, 통근자들의 분노〉

〈교통 요금 인상에 국민들의 항의 시위〉

〈채소값 폭등에 소비자의 분노가 드디어 폭발〉

□

〈국회의원 인사 청탁에 지역 주민들 맹렬히 규탄〉

〈집값 폭등, 서민 죽인다〉

제법 선정적이고 격렬한 듯 싶다. 이런 기사를 보고 있으면 신문이 독자인 국민의 분노를 잘 대변해 주고 있는 것 같다. 그러나 그것은 겉치레일 뿐이다.

여기서 부탁하고 싶은 것은 분노의 감정을 이와 같은 겉치레로 발산해 버려서는 곤란하다는 사실이다. 당신은 이러한 에너지를 비밀스럽게, 강하게 저축해 두어야 한다. 언론의 겉치레뿐인 분노를 보고 일시적인 만족감을 느낀다는 것은 어리석은 일이다. 당신의 분노의 감정은 당신 자신의 생존을 위해서만 조심스럽게 보존해 주기를 바란다.

02 분노를 억누르지 말고 에너지화하라

오합지졸 속이 아니라 혼자서도 맞설 수 있어야 한다

○

사람이란 항시 분노의 감정에 지배를 받아온 격정적 존재다.

그러나 여기서 강조하고자 하는 것은 "강자는 혼자서 분노하며, 약자는 수를 믿고 분노한다"는 사실이다.

예를 들어 조합의 모임이라든가 단체 교섭의 자리 같은 데에서는 기백이 있다가도, 경영자 앞에 1대 1로 섰을 때는 단체 교섭 시의 그 기백은 온데 간데 없어지고 고양이 앞의 쥐처럼 되는 게 대다수 사람들의 공통점이다.

이런 저(低)차원의 분노 방식은 겉치레이며 순간적이어서 아무런 효과를 가져다주지 않는다.

그밖에도 우리들의 주위에는 각종 서명 운동, 시위, 물가 상승에 대한 소비자 운동, 학교 운영에 대한 PTA(Parent Teacher

Association, 사친회) 등 수적 우세를 믿고 분노를 발산시킬 수 있는 장소가 한없이 많다. 확실히 이 세상에는 머리를 자극하거나 충격을 주는 일이 수없이 많다. 분노를 일으키는 원인들 투성이다. 그렇지만 이와 같은 사회 기구에 대한 분노를 집단력에 위탁해 발산한다고 해서 곧 해결점이 오리라고 생각하는 건 어리석기 그지없다.

중요한 것은 당신 개인의 분노 에너지다. 그것을 어떤 식으로 활용해서 무기로서 어떻게 이용할 것인가에 대한 연구를 해야 한다.

〈오징어게임〉에서 기훈 또한 분노를 발현시키는 대상에 있어 미숙한 면모를 가지고 있던 인물이다. 과거 그는 노동조합원의 일원으로서만 분노를 표출했다. 극 초반 보여지는 망가져버린 그의 삶은 그러한 집단적 분노는 결국 무력과 무가치로 이어진다는 걸 보여준다.

폭발적인 분노가 효과가 있다

○

앞에서 등장했던 샐러리맨 만화를 그리는 만화가의 이야기로 다시 돌아가 보자.

그가 그리는 만화에 등장하는 주인공은 상사의 학대를 잘도 참아 견디는 물렁물렁한 샐러리맨이다.

그러다가 73년 오일 파동 때 만화의 주인공은 갑자기 분노를

△

터뜨리고 말았다. 그 전까지만 해도 죽어 지내던 주인공이 느닷없이 거칠어져 상사의 등 뒤에서 도끼를 내리쳐 선혈(鮮血)이 낭자한 장면이 연출된 것이다. 그런데 이 무자비한 '도끼소동'이 독자의 공감을 불러일으켜 작가에게는 매일 그런 장면을 보여달라는 독자 요구가 빗발쳤다. 이후 그의 만화에는 한동안 도끼날이 번뜩였다. 독자가 느끼기엔 현실 사회에서 도저히 할 수 없는 짓을 주인공이 대신해주었던 것이다.

그런데 오일 파동이 지나가고 안정의 시대가 오자 그 만화의 주인공은 도끼를 버려야 했으며, 옛날의 착한 양으로 되돌아갔다. 다시 말한다면 사회, 인간이 모두 나약해져 버린 것이다.

그러나 그 만화가는 이렇게 말하고 있다.

"하지만 말입니다. 슬슬 도끼를 등장시키지 않으면 안 된다고 생각해요."

무엇 때문에 슬슬 도끼날을 갈아야 할까.

"분노할 줄 모르는 인간들이 생겨났기 때문입니다. 지나치게 무기력하고 평화스럽단 말입니다. 그렇지만 다시금 세상이 많이 달라졌습니다. 도끼를 휘두르는 인간이 등장해도 우습지 않을 상황이 되었으니까 말입니다. 그만큼 사회는 험악해졌는데도…."

이 만화가는 임박한 세기말의 일면을 꿰뚫어 보고 있는 게 확실하다.

"도끼는 말입니다, 등 뒤에서 내리쳐야 합니다. 기습하는 것이지요. 이런 방식은 효과적입니다. 분노라고 하는 것은 잠자코 참고 있다가 갑자기 폭발시키는 것이 제일 효과적입니다. 기습 폭격이니까 막을 길이 없지요. 저는 만화를 통해서 분노를 폭발시키는 방법을 제 나름대로 독자들한테 가르쳐주고 있는 셈입니다."

분노가 성공의 발판이다

○

거대한 출판사의 대표이자 엄청난 규모의 영화사 사장인 Q씨의 이야기를 들어보자.

Q씨는 유명한 추리 소설 《증명(proof)》 시리즈를 내어 1천 5백만 부라는 천문학적 숫자의 매출을 올린 적이 있다. 영화 역시 관객 동원에 기록을 세워 그 소문난 광고문 '읽고 볼까, 보고 읽을까'를 유행시킨 장본인이다.

그는 재벌의 아들로서 캄보디아 전쟁에 용병(傭兵)으로 지원해 갔다가 구사일생으로 살아난 모험가이자, 15세에서 60세의 여자까지를 다 경험했다는 한량이기도 했다. 한마디로 그는 20세기의 풍운아라고 부를 수 있는 위인이다.

Q씨가 아버지 기업의 후계자로 지목된 것은 고작 20대였다. 젊은 그가 주역 겸 편집국장의 자리에 올랐을 때 마침내 노조로부터 항의가 빗발치기 시작했다.

"사장의 아들이라고 해서 그렇게 봐주는 법이 어디 있는가, 정실인사에 적극 반대한다."

항의가 너무나도 격렬했기 때문에 결국 Q씨는 회사를 떠나지 않으면 안 되었다. 쉽게 말해서 추방된 것이다.

일자리를 잃은 그는 외국을 방랑하며 나날을 보내게 되었다. 그러나 그와 같은 굴욕의 나날을 보내는 중에 그는 자기를 추방하는 데 가담한 사람에 대한 분노를 차분히 발효시켰다. 싸우는 일의 의미, 쓰러뜨리는 방법을 철저하게 연구한 것도 이 방랑의 시기였다고 한다.

세월이 흘러 그는 다시 부친의 회사로 복귀했다. 출판 부장이라는 게 그의 직함이었다. 복귀와 동시에 그의 복수도 시작되었다. '죽여야 한다'고 가슴 속으로 다짐하고 또 다짐했다. 그는 '조합은 적이다'라는 말을 서슴없이 공언했을 뿐 아니라 그들을 탄압하여 무력화시키는 데에도 성공하였다. 그렇지만 그의 분노가 이 정도에서 멈추어졌더라면 한 편의 단순한 복수 이야기로 끝났을지 모른다. 그러나 그의 분노는 단순한 차원을 훨씬 넘어서고 있었다.

"내가 사장의 아들이란 게 마음에 들지 않는다면 새로운 회사 하나를 창업해 보겠다. 그 회사가 크게 성공하게 된다면 나에게 반감을 가지고 있는 패거리들도 내 능력을 인정하고 납득해줄 게 틀림없다. 그러기 위해서는 꼭 영화라고 하는 미지의 분야에 도전해 보고 싶다. 이것이 성공하면 모두들 왈가왈부하거나 잔소리를 하진 못하겠지."

이렇게 해서 만들어진 것이 영화사였다. 그리고 그의 신화적

□

인 성공, 영웅적인 승리담은 20세기 몇몇 다이내믹한 '한 인물의 이야기'로 손꼽히게 되었다.

Q씨 회사의 창립 멤버 중 한 사람이며 창업 시부터 이사였던 K씨는 이렇게 말했다.

"Q씨의 분노… 다소 광적인 면도 있는 것 같습니다. 그의 분노를 산 상대는 대개가 몰락해 버렸습니다. 무서운 에너지라고 여겨지는데 거기서 사나이의 미학(美學)을 느끼게 됩니다."

분노의 감정을 에너지로 활용하라

○

앞으로의 시대에서 분노의 감정을 잊은 인간은 한낱 바람에 흔들리는 갈대와 같다. 화를 내야 할 경우에는 화를 내야 한다. 또한 그러한 감정, 즉 결단을 내겠다는 자세를 가지고 있지 않으면 살아갈 수 없게 될 것이다.

요즘처럼 고분고분함이 예찬되고 있는 이 상황이 정상일까? 모든 사람이 풍선처럼 붕 떠있는 듯한 이 상황이 과연 옳은 모습일까? 이러한 과밀 사회, 경쟁 사회에서 고분고분하게 지낸다는 것은 혹 도망치고 사라지려는 물과 같은 행동은 아닌지.

물과 같이 흘러가서는 안 된다. 폭포처럼 쏟아져야 한다.

분노의 감정을 잃은 무기력한 인간은 도태되고 만다.

〈오징어게임〉에서 늘 타인의 사정을 더 신경쓰며 유순하기만

했던 기훈은 관객들에게 찌질하게만 그려진다. 그런 그가 마지막 순간에 게임을 진행한 거대 조직에 대한 복수를 결정하자, 힘없는 주인공은 온데간데 없이 새로운 에너지가 극 전체에 흐르고 관객에게 나름의 카타르시스를 제공한다. 이처럼 분노의 감정은 삼키지 않고 불살라야 한다.

분노를 터뜨릴 때는 그것을 야금야금 내뱉어서는 안 된다. 차분히 발효시켰다가 단숨에 폭발시켜야 한다.

분노의 감정을 분출시킬 때는 뒤에서 도끼를 내리치는 요령으로 해야 하는 것이다.

분노를 에너지화하여 그것을 새로운 일에 대한 원동력으로 삼아야 한다. 어쩌면 이런 말을 하기 위해서 이 장을 여기까지 끌고 왔는지도 모른다. 되풀이하는 말이지만 주위를 돌아보면 무기력한 인간들이 너무 많다. 그렇기에 지금이 기회다. 모두가 태평세월에 정신없이 안심하고 있는 동안에 이쪽이 먼저 군비(軍備)를 단단히 갖추자는 것이다. 이보다 더 유리한 파워 갭(power gap)은 다시 없을 것이다.

언젠가는 누구나 다 지금 우리가 처해 있는 상황이 '싸움의 시대'라는 사실에 눈을 뜰 것이다. 그때 가서 당황하여 서둘러 무기를 갖춘다고 해도 이미 때는 늦는다. 고전을 면할 수 없을 것이다. 지금부터 준비해두면 남보다 한 걸음이고 두 걸음이고 빨리 출발한 셈이 된다.

이 책의 전체를 통해 주장하고 있는 것이지만, 굴욕에 대해

참고 견디는 것이 미덕인 시대가 지나갔음을 명심해야 한다. 참고 견디는 것만으로 살아나갈 수 있는 시대는 이미 끝나버린 것이다. 분노의 감정을 억눌러서는 안 된다. 상대방이 방심하고 있을 때 단숨에 폭발시켜야 한다.

끝으로 마리오 푸조의 유명한 저서 《대부(God Father)》 한 구절을 여러분에게 소개하고자 한다.

"복수의 최대 쾌감은 상대방이 잊고 있을 때 완전무결하게 철저히, 그리고 무자비하게 하는 데 있다."

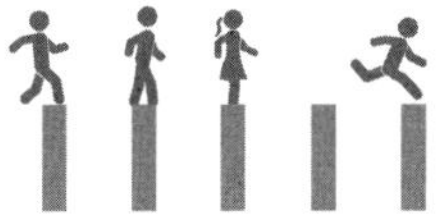

제9장

○
△
□

만인의
라이벌 시대

위기의 상황으로 압축되어 가고 있는 지금 이 시대가 만일 예수가 설파한 '이웃 사랑'으로 살아남을 수 있는 시대라면 지금까지 우리가 연구해 온 '악마적 처세론'은 몽땅 헛수고이며 이른바 놀고 있었던 셈이 된다. 그러나 유감스럽게도 그게 그렇지 않다. 앞으로의 상황은 남에 대한 사랑 따위는 도대체가 존재할 수 없는 절박한 '지옥의 상태(like a hell on earth)'인 것이다.

01

이웃을 경계하라

이웃은 당신을 밀어내려고 기회를 엿보고 있다

○

마태복음 5장에 있는 "너희 이웃을 사랑하라"는 말은 널리 알려진 성경구절이다.

확실히 이웃과 사이좋게 지내는 편이 아웅다웅하며 사는 것보다는 마음이 편하다. 학교에서 책상을 나란히 하고 있는 동급생이나 회사에서 옆에 앉아 있는 동료라든가 부하하고도 서로 적대하며 지내기보다는, 화기애애하게 지내는 쪽이 훨씬 기분이 편하다. 그런 면에서는 옛말대로 사이가 좋은 일은 아름다운 일인지도 모른다.

그렇지만 당신이 아무리 사랑한다고 하더라도 이웃이 이에 대해서 백 퍼센트 보답해 준다는 보증은 하나도 없다. 어쩌면 옆 자리에 있는 동료는 당신을 라이벌로 여기고 틈만 있으면 당신을 밀

□

어내려고 호시탐탐 기회를 노리고 있는지도 모른다. 그럴 가능성이 충분한 시대다.

이웃이라고 해서 마음을 놓아서는 안 된다. 그들이 언제 어느 때 잠들어 있는 당신의 목에 칼을 들이댈지 모르는 일이다. 약간의 뉘앙스는 다르지만 '사자의 몸 안에 있는 벌레'란 말이 있다. 최대의 적은 강력한 외부의 누군가가 아니라 가까운 사이인 부하이거나 친한 동료일 때 더 끔찍하다는 뜻이다.

배반당하고 걷어채여 쓰러진 후에 "빌어먹을, 그렇게 잘 봐줬는데 그 얼마나 비열한 놈인가"하며 우는 소리를 해봤자 이미 때는 늦었다. 패배자의 비애를 맛보기 전에 상대방의 배반을 사전에 알아차리는 정보 능력, 싸움에 돌입했을 때 역습으로 나설 만한 기력, 상대방의 공격을 3배나 5배의 힘으로 때려눕힐 만한 힘을 비축해야 한다.

따라서 이웃에 대해서도 결코 마음을 놓고 안심해서는 안 된다. 오히려 솔선해서 상대방을 때려눕히고 매장시키겠다는 각오로 접촉해 나가야 한다. 그것도 겉으로는 미소 지으며 친한 것처럼 접촉해 나가면서 때려눕힐 기회를 노려야 한다. 그래야 현명하다. '나는 너를 혼내줄 거야' 식의 태도를 평상시부터 나타내고 있어서는 상대방도 방비를 단단히 할 것이며, 어쩌면 상대방 쪽에서 선제공격을 가해올지도 모르기 때문이다.

남을 사랑하는 시대는 지났다

○

다시 성서 시대의 이야기로 되돌아가 보자. 예수가 살았던 시대의 이스라엘은 로마제국의 지배 하에 있었다. 로마군에 의한 힘의 통치를 받고 있었으며, 철저한 수탈이 행하여지고 있었다. 지배자 쪽은 사치스럽기 그지없는 생활을 하고 있었지만, 지배를 받는 쪽의 서민들은 빈궁의 밑바닥에서 허덕이고 있었던 것이다. 압도적인 무력을 가지고 있는 로마군에게 대항하기는 어려웠다. 그래서 유태인 모두에게 체념의 분위기가 가볍게 내리누르고 있었다.

이와 같은 상황 속에서 예수가 '너희 이웃을 사랑하라'고 설파하고 다녔던 것이다. 이 말이 많은 사람으로부터 공감을 얻은 것은 그 시대의 배경을 생각해야 납득할 수가 있는 것이다.

약한 입장에 있는 인간은 서로 결합해서 피차 도와가는 것이 살아가기에 용이하다는 것은 말할 것도 없다. 이러한 사상은 지금도 노동조합이라는 형태로 남아 있다. "만국의 노동자여, 단결하라!"라는 게 노동 운동의 대표적인 슬로건이다.

예수는 싸움보다는 항복을 선택한 사람이었다. 섣불리 저항하는 것보다는 약한 자끼리 단결하여 서로 도우면서 가늘게 살아가라고 말한다. 그것은 초식 동물인 얼룩말이 초원에 어울려 모여 있는 모습과 비슷하다. 얼룩말의 최대의 적은 사자이지만, 그들이 이와 같은 강적으로부터 몸을 지키는 기술은 재빨리 도망치거나 동료들과 모여서 원형의 진(陣)을 만들어 오직 뒷발로 계속 차는 방법밖에 없다. 자연의 섭리라고는 하지만 그 얼마나 딱하고 불쌍한 광경인가.

위기의 상황으로 압축되어 가고 있는 지금 이 시대가 만일 예수가 설파한 '이웃 사랑'으로 살아남을 수 있는 시대라면, 지금까지 우리가 연구해 온 '악마적 처세론'은 몽땅 헛수고이며 이른바 놓고 있었던 셈이 된다. 그러나 유감스럽게도 그게 그렇지 않다. 아니 전혀 그렇지 못하다. 앞으로의 상황은 남에 대한 사랑 따위는 도대체가 존재할 수 없는 절박한 시대인 것이다. 즉, 지옥의 상태(like a hell on earth)인 것이다. 앞으로의 시대는 타인에 대한 사랑을 운운할 시대가 전혀 아니며, 모든 힘을 자신의 생존을 위해 다 쏟아도 모자란 시대인 것이다.

여러분은 이런 점을 자각하여 내 몸을 어떻게 운신(運身)해야 될 것인가를 모질게 마음먹어 닥쳐올 위기의 물결에 대비하고 있어야 한다.

발톱을 감추었다가 기회를 봐서 공격하라

○

중세기 무장들에게 "귀하는 이웃 나라를 사랑하는가"하고 묻는다면 그들은 대뜸 "결코 아니다. 이웃 나라는 우리에게 멸망당해 우리 영토화되기 위해 존재하며, 그 영주는 우리로부터 죽임을 당하기 위해 살고 있다"라고 대꾸해 올지도 모른다.

△

실제로 그들은 자신의 생명, 영토와 부하들을 지키기 위해 온 갖 권모술수를 다 이용하였으며, 엄청난 살육도 주저하지 않았다. 우리는 그런 중세의 무장들을 허심탄회하게 평가하고 그들의 생존 방법을 긍정적으로 받아들일 필요가 있다.

전투란 애당초부터 점잖지 못한 일인데, 싸우는 가운데 '거친 손', '고운 손'이 어디 있겠는가. 어느 손을 쓰든지 간에 이기면 되지 않는가.

일단 전투가 개시되면 이웃 사랑과 같은 건 다 헛된 구호다. 오랫동안 사귄 친구를 비롯하여 혈족·친지조차도 나의 보존상 필요하다면 깨끗이 배반할 수 있는 것이며, 심지어는 처치해 버릴 수도 있는 것이다.

옛 무담(武談) 중에 '적에게 소금을'이라는 말이 있다.

적을 완전 포위해 놓고 그들의 보급로를 차단해 굶기고 있는 가운데 도리어 소금을 보내주었다는 이야기가 있다. 얼핏 들으면 아무런 계산이 없는 그저 마음씨 고운 무장의 소행 같지만 그게 아니다. 그의 그런 행위 속에는 상대방의 전의(戰意)를 꺾어놓으려는 강하고 깊은 의도와 지혜가 감추어져 있는 것이다.

형사가 흉악범의 자백을 요구할 때, 그들은 늘 윽박지르고 구슬리는 두 가지의 방법을 사용한다.

우선 무서운 형사가 등장하여 힘으로 자백하게 하려고 한다. 그것이 잘 안 되었을 때는 온화하고 이해심이 많은 듯한 다른 형사가 나타나 모친의 일 같은 것을 들먹이며 진지하게 회유한다.

그 결과 최종적으로는 후자 쪽 형사에게 자백을 하는 경우가 많다고 한다. 이와 같은 겉치레의 동정이나 위안 같은 것도 상대방을 공략하는 유력한 수단으로 사용될 수가 있다.

힘으로 공격해 오는 적에 대해 힘으로 대항하면 그것이야말로 죽기 아니면 살기로 싸우는 수밖에 다른 도리가 없다. 그러나 우군(友軍)인 체하는 제스처를 쓰며 이쪽의 발톱을 감추었다가 기회를 봐서 맹공격하면, 힘 안 들이고 적을 섬멸할 수도 있는 것이다.

달콤한 속삭임에는 가시가 있다

○

이 '발톱 감추기 작전'은 국제 정치의 무대에서 가장 애용되고 있다고 할 수 있다. 소련이 이웃 나라에 대한 침략의 구실로 사용하던 '우호 선린(善隣) 조약'이라는 것을 분석해보자.

'선린(neighbourly friendship)'이나 '우호(friendness)'는 예수가 설파하고 있는 '너희 이웃을 사랑하라'라는 가르침에 제대로 부합하는 낱말이다. 그러나 그 낱말들은 악마적 역할에 대한 원동력이 되었다. 흔히 "달콤한 속삭임에는 가시가 있다"는 말을 하는데 국제 정치의 무대가 바로 그렇다고 할 수 있겠다.

아프가니스탄을 침공한 소련은 이렇게 주장한다.

"아프가니스탄 국내로부터 무력 원조의 요청이 있었기 때문에 출동했을 뿐이다."

그런데 알 수 없는 것은 무력 원조를 요청한 아프가니스탄의 당사자가 누구인지를 밝히지 않는다는 사실이다. 그러나 소련에게 그런 것은 문제가 되지 않았다.

여기서 아프가니스탄과 소련 사이에 체결한 '우호 선린 조약'의 핵심인 제4조를 한번 훑어보자.

"양 체결국은 우호와 선린의 전통 및 유엔 정신으로 행동하여 두 나라의 안정, 독립 및 영토 보전의 확보를 목적으로 협의하여 쌍방이 합의를 보게 되면 적절한 조치를 취한다. 국방력 강화를 위해 양 체결국은 상호 체결된 관련 협정을 기반으로 하여 군사 분야에 있어서의 협력과 발전을 계속한다."

문장상으로는 귀에 거슬리는 말이 별로 없는 것 같다.

만일 예수에게 이 조문을 보여 준다면, "내가 주장하는 '너희 이웃을 사랑하라'의 정신이 잘 구현되어 있군"하며 크게 칭찬할 것이다. 그러나 이 조문의 내용을 확대 해석해 보면 어떠한 정치적, 군사적 게임도 가능하다는 이야기가 규정되어 있는 것이다. 예수가 이와 같은 숨겨진 본심을 듣게 된다면 과연 어떤 표정을 지을지 몹시 궁금하다.

눈에는 눈,
이에는 이

적에게도 실탄을 주라

○

G라는 거물급 정치가는 '적에게도 실탄을' 식의 선거 작전을 펴기로 유명한데, 실제 그의 작전은 효과가 대단했다.

선거가 한창 무르익어 가고 있을 때, 여당 후보인 G씨는 '선거용 실탄'으로 뿌릴 돈을 봉투에 넣고 있었다. 그런데 G씨의 선거 참모장이 옆에서 보니 라이벌인 야당 후보에게까지 실탄을 쏘고 있는 게 아닌가. 선거 참모장이 놀라 어떻게 된 일이냐고 묻자 G씨는 이렇게 대답했다.

"모르는군. 적에게 주는 실탄이라고 해서 반드시 해로운 것은 아닐세. 만일 그가 받아주기만 한다면 말이야."

이 일화는 흡사 앞에서 언급한 무담인 '적에게 소금을'의 그 것과 닮은 구석이 있다.

△

상대 후보에게 봉투를 건네준 이 정치가의 이야기 역시 미담(美談)으로 받아들여서는 안 된다.

이건 말할 것도 없이 적에 대한 회유책이라 해도 좋다. 적을 농락하기 위해서는 값비싼 선물을 안겨주고, 술을 마시게 해주며, 돈을 집어주는 등 여러 가지가 있겠지만 가장 효과적인 것이 실탄, 즉 현금을 보내주는 일이다.

야당의 고민거리라고 하면 첫째로 돈을 마음대로 쓸 수 없다는 것이다. 그리고 돈을 보냈을 때 상대방이 그것을 받아들인다면 돈을 보내준 사람에 대한 치열한 공격은 무뎌질 게 아닌가. 야당에 돈을 뿌리는 일은 여권 정치가에서는 곧잘 쓰고 있는 수법이다. 많은 수라장을 뚫고 나온 정치가들에게는 도덕론 같은 게 통할 리 만무하다. 정치에는 가장 리얼한 생활 방식이 필요하다. 그러므로 그가 받아만 준다면 적에게도 실탄을 줄 수 있는 것이다.

웃으면서 이를 갈자

○

실제의 비즈니스 사회에도 이웃을 회유하여 자기 손바닥에 감싸 쥐면 이익이 매우 크다. 비즈니스 사회에서는 꿈에라도 '똑같은 월급쟁이 동지니까 사이좋게 지냅시다'하는 식으로 생각하면 안 된다. 사이좋은 것은 겉치레만으로 족하다. 마음속으로는 '어떻게 이용할까'하는 의식을 언제고 잊어서는 안 된다. 그것은 예를 들어 동료와 술 한 잔을 나눌 때에도 마찬가지다.

퇴근 시간이 조금 지나면 직장 근처의 술집은 매일 밤 샐러리맨들로 붐비며 시끄럽다. 동료 몇 명이 한 자리에 모여 술을 마시면서 취기가 돌게 되면 취한 김에 상사의 욕을 마구 해댄다. 그리하여 서로 그런 의견에 동의하게 되면 술자리는 한층 더 고조된다. 스트레스를 해소하는 방법으로 도움이 될지 모르지만, 그런 행위는 손익 계산을 해 보면 이익은 고사하고 마이너스가 된다.

술에 취했다고는 하지만 일단 입에서 쏟아진 말은 사실로 남게 된다. 일행 중에 만일 위장된 이웃 사랑을 하고 있는 사나이가 있다면, 수없이 뱉은 상사에 대한 욕설이나 사회에 대한 불만 등이 교묘하게 나의 약점으로 연결되어 멋지게 이용당하게 될지 모르는 일이 아닌가.

이런 식으로 어리석게 술을 마신다면 앞으로는 도저히 살아남지 못할 것이다.

동료와 술을 마시는 건 좋다. 그렇지만 마셔도 취해서는 안 된다. 자신은 술에 취하지 않는 대신 상대를 취하게 만들어야 한다. 그리고 상대의 가정적인 고민이라든가, 일에 있어서의 고민 혹은 상사에 대한 불만 등에 귀를 기울여 그 내용들을 머릿속에 새겨두어야 하는 것이다.

그러면서도 겉으로는 자네야말로 나의 평생 친구라는 식의 태도를 취하며 돌봐주겠다는 태도를 취하는 것이다.

때로는 성적 만족을 안겨주는 것도 필요할지 모른다. 돈이 드는 일이기는 하지만, 이런 식으로 회유해두면 그 이익은 투자액을 훨씬 상회하게 될 것이다.

상대의 약점을 손에 쥐고 있으라

○

당연한 일이지만 회유하여 그 약점을 쥐게 된 동료는 당신에게 유리한 끄나풀이 된다. 구체적으로 말하면 당신의 시중꾼으로서 당신에게 상당히 도움이 되는 정보를 가져다줄 것이 틀림없다. 기업의 대주주 한 명이 모든 주식을 팔 예정이라든가 경영승계로 형제끼리 큰 싸움이 날 것이라든가 혹은 부사장이 커다란 프로젝트를 놓쳤기 때문에 물러날 것 같다는 등 스스로의 보존에도 도움이 될 뿐만 아니라 활용 방법에 따라서는 회사를 지배할 수도 있는 그런 정보를 속속들이 당신에게 제공해 줄지도 모른다.

라스베가스의 도박 사건으로 의원의 자리를 내놓게 된 H씨의 커다란 무기는 동료 정치인에 대한 더러운 정보였다고 한다. 한 번은 어떤 야당 의원이 그의 영향권에 있는 불법 유흥가를 슬쩍 다녀갔다.

다음 날 H씨는 그 야당 의원이 어깨를 탁하고 두드리며 "당신 어젯밤에 좋은 데서 분투했다면서"하고 한마디 던졌다고 하자. 이 말을 들은 문제의 의원은 최소한 선두에 서서 H씨를 공격하지는 못할 것이다.

□

이러한 '더러운 정보'에 H씨가 능통하게 된 것은 유흥장의 우두머리를 평상시에 구슬려 회유해 두었던 덕분이다.

그렇다면 도저히 회유할 수가 없는 동료는 어떻게 다루어야 좋을 것인가.

사실은 이것이 상당히 무섭다. 하물며 머리도 좋고 일도 잘하는 강력한 라이벌이라면 문제는 더욱 심각하다. 자칫했다가는 이쪽이 당하는 수도 있다. 결국 당하기 전에 때려눕혀 말살해 버려야 할 것이다.

마카아벨리가 말한 것처럼 힘이 강한 자와는 동맹을 맺어서는 안 된다는 것을 명심해 두어야 한다.

따라서 그런 강력한 라이벌에게는 일방적인 선전포고, 즉 상대가 눈치채지 못하게 '너는 나의 적'이라는 다짐을 확실히 해두어야 한다.

거짓을 꾸며 모함하든, 권모술수, 위협, 찌라시를 쓰든… 방법이 무엇이든 간에 상대방을 완전히 때려눕힐 때까지 싸워나가야 한다. 그 전략, 전법은 이 책의 도처에서 이미 설명한 바 있다. 말하자면 이 책은 남을 때려눕히는 강자의 방법 연구서로 이해해도 좋을 것이다.

제10장

○
△
□

미식에의 권유

미식(美食)을 하자. 그것은 강자에게만 허용되는 다시없는 쾌락인 동시에 온갖 싸움에 필요한 에너지를 축적하는 일이다. 빈곤한 식생활은 정신과 육체를 빈약하게 만든다. 빈곤은 패자의 용어이지 승자, 강자의 용어일 수 없다. 미식을 즐기자.

01

많이 먹어라

사람은 빵만으로는 살 수 없다

○

〈오징어게임〉의 다섯번 째 게임에서 살아남은 최후의 3인에게는 아름답고 맛있는 디너 코스가 제공된다. 미식(美食·dainty food)이란 맛있는 음식, 또 그것을 먹는 것을 의미한다. 좋지 않은 시대를 살아가기 위한 여러 가지 나쁜 지혜를 설명해 온 이 책에서, 마지막 계율로서 '미식을 하라'고 말한다면 의외라고 생각하는 독자가 많을 것이다. 그만큼 이 시대에 있어서의 미식의 의미를 새삼 음미해 주기 바란다.

신의 사용인들, 즉 교직자들은 복수나 간음, 혹은 도둑질을 금지하는 것만으로 부족하여 미식까지도 금지시켰다. 미식은 인간의 본능적인 욕망임에도 불구하고, 대죄(大罪)의 하나라는 억지 계율을 정해놓고 인간을 영양 실조화시키고 있는 것이다.

□

그런데 한 가지 알고 있어야 할 것은 성서 시대의 식생활이 실제로 빈곤했다는 사실이다. 마태복음 제4장에 나오는 "사람은 빵만으로 살 수 없다"는 구절도 빈곤한 현실에 의한 빈곤한 대답이었는지 모른다. 유명한 회화 〈최후의 만찬(The Last Supper)〉의 식단만 하더라도 빵과 포도주뿐이었다.

지금까지 여러 차례 말해 왔듯이, 성경은 가난한 약자가 조용하게 살아가는 지혜를 집대성한 책이라고 볼 수 있다. 권력자나 난폭자로부터 박해를 받지 않기 위해서는 무저항주의가 유리한 것은 너무나 자명한 일이었고, 약자는 서로 똘똘 뭉쳐 위로하고 도와야 하는 것도 당연한 일이었다.

성경은 약자들에게 "참아라, 참아라"라고 거듭하여 타이른다. 그리고 "신께 구원을 청하라. 그러면 도와줄 것이다"하고 속삭여 준다. 그러나 막상 굶어 죽게 되는 상황에 이르게 되면 결코 도와주지 않는다. 모든 것이 '신의 뜻'이라며 시치미를 뗀다.

가난한 자들이 모여서 살고 있는 사회에서 미식을 하겠다고 하면 어떻게 될까? 모두가 평등하게 한 개의 빵으로 간신히 공복을 채워야 하는 판국인데 혼자서만 미식을 잔뜩 먹는다는 것은 그만큼 남의 음식을 빼앗는 것이 된다. 그것은 권력자에게는 허용되어도 시민에게는 허락되지 않는 행위다. 성경 시대는 그런 빈곤한 상황이었으므로 미식을 죄악시했던 것이다.

남의 것을 빼앗아서라도 힘을 키워야 한다

○

세계는 에너지 자원과 식량 자원의 부족이라는 혼란 속으로 돌입할 것이다. 그리하여 봉착하게 되는 것은 배분의 문제다. 어느 나라가, 어느 곳이, 혹은 어느 개인이 보다 크고 많은 배분을 받게 되는가 하는 것에 대한 승자와 패자가 결정되는 시대가 올 것이다.

이미 지구상에서 생산되는 식량은 그것을 최대한 활용해도 지상의 전인구를 먹여살릴 만한 절대량에 훨씬 미달한다는 것도 여러 차례 지적한 바 있다.

그렇다면 세 번해야 할 식사를 두 번으로 줄이고 부족한 식량을 평등하게 나누어 가지더라도, 전 인류가 어떻게든 굶지 않고 살아갈 수 있는 길을 찾아야 옳단 말인가. 이 책을 읽어온 독자라면 지금 우리가 처한 이 시대가 비현실적인 박애주의로 해결될 수 있는 그런 호락호락한 시대가 아니라는 것을 잘 알고 있으리라고 본다.

지금 우리는 보다 큰 배분을 획득하기 위해 부단하게 투쟁해야 하는 세상에 살고 있다.

"가난보다는 평등하지 못한 것을 걱정한다"는 식의 태평한 말을 되뇌이며 살아갈 수 있는 시대가 결코 아닌 것이다.

그것이 비록 이기적이라며 경멸의 말을 듣는다 해도 내가 살아가기 위해서는 '가죽같이 질기고 개같이 빠르게' 투쟁하지 않

□

으면 안 된다. 그 투쟁을 혹자는 비난할 수도 있을 것이다. 그러나 비난한다고 해서 현실이 개선되지 않는다는 것도 알아둘 필요가 있다.

"가난함을 나누어 가지고 살아가자"고 주장한다면 택시를 타서도 안 된다.

왜냐하면 당신 하나를 위해서 한 대의 차와 일정량의 가솔린, 그리고 한 사람의 운전수가 동원되니까 말이다. 버스나 지하철과 같은 대중교통 수단에 비하면, 자가용이나 택시는 그야말로 얼마나 비경제적인지 새삼 논할 필요도 없을 것이다.

아니, 그것도 오십보백보인지 모른다.

지하철을 타더라도 에너지는 소모되는 것이며, 그것은 지하철조차도 없는 가난한 나라의 에너지를 빼앗아 쓰고 있는 격이 아니겠는가. 그렇다면 걷든지 자전거에 의지할 도리밖에 없다.

그런 비현실적인 대책이 통용되지 않을 것은 너무나 뻔한 일이다.

에너지 절약을 위해서 걷는다거나 세 번의 식사를 두 번으로 해도 세계의 기아들은 굶주림으로부터 구제되지 않는다. 그러기보다는 차라리 남의 식량을 빼앗고, 남의 에너지를 빼앗으며, 내 힘을 키우는 것이 오히려 매력적이라고 생각된다.

빈곤한 식생활은 나를 빈약하게 만든다

○

〈오징어게임〉을 관전하는 VIP들이 언제나 미식을 즐기고 있던 것을 기억하는가. 미식은 승리자의 것이며 또한 에너지의 원천이다. 그것은 강자에게만 허용되는 다시없는 쾌락인 동시에 온갖 싸움에 필요한 에너지를 축적하는 일이다. 빈곤한 식생활은 정신과 육체를 빈약하게 만든다. 빈곤은 패자의 용어이지 승자, 강자의 언어일 수 없다. 미식을 즐기자.

결국 부(富)의 편재(偏在)라는 것은 피할 수 없는 현실이다.

중국 같은 노동자를 위한 평등 사회를 표방하고 있는 공산주의 국가에서조차 심각한 빈부격차에 고통받고 있음이 보도되고 있다. 전체 인구의 절반이 넘는 수가 제대로 먹지 못해 허덕이고 있다는 말이다.

자, 이런 상황에서 여러분은 어느 쪽을 택하겠는가? 빈곤과 부 둘 중에서 말이다.

비만은 악의 근원이 아니라 힘의 근원이다

○

어떤 의학 박사가 펴낸 《장수의 비결》이란 책에 다음과 같은 구절이 있다.

"이 시대를 억척같이 살아가기 위해서는 맛있는 것을 듬뿍 먹

□

지 않으면 안 된다. 비만은 모든 악의 근원이다."

이런 잘못된 속설에 현혹되지 않기를 바란다. 현실적으로 야 윈 사람보다 살찐 사람이 튼튼하며 또한 오래 살고 있다.

특히 일할 나이의 비즈니스맨이라면 우선 고기를 많이 먹어야 한다는 말이 있다. 그야말로 옳은 말이라고 여겨진다. 야위고 창 백한 사나이에게서는 힘을 느낄 수가 없다.

물론 겉으로는 약해 보이면서도 안으로 열렬한 투지를 간직 한 사람이 없는 것은 아니다. 그렇지만 아무리 머리가 좋고 투쟁 심이 왕성하다고 하더라도 힘의 시대에서는 잘 먹은 사람에게 체 력에서 패하는 일이 잦다. 억척같은 정신력은 억척같은 체력에서 나오는 경우가 많다.

가난하고 약한 사람들이 체력적으로 열세이며 야위어 있다는 사실은 부정할 수 없을 것이다. 극단을 인솔해서 인도를 여행하고 돌아온 어떤 연극 평론가가 이런 이야기를 했다.

"연극하는 사람들이란 하나같이 가난하고 돈 같은 것과는 인 연이 먼 사람들인데, 인도 사람들은 우리를 부자로 보고 있었어 요. 처음엔 이상하게 여겼지만 그 비밀은 간단했습니다. 우리들은 피둥피둥 살쪄 있었거든요."

확실히 인도 사람들은 야위어 있다. 가난할수록 더욱 그러하 다. 그들에게 있어서는 듬뿍 먹고 살이 찌는 게 하나의 꿈일지도 모른다. 그곳에서는 살찐 것이 부의 상징으로 받아들여지고 있다.

〈오징어게임〉 속 수단과 방법을 가리지 않고 살아남은 새벽은 마지막 순간 눈앞에 차려진 만찬을 거의 먹지 못한다. 사고로 옆구리에 꽂혀버린 거대한 유리조각이 그녀의 생명을 갉아먹고 있었기 때문이다. 그럼에도 그녀는 필사적으로 먹는 시늉을 해보인다. 맛있는 것을 즐기지 못한다는 것, 그것만으로도 자신의 약함을 방증하기 때문이다. 결국 그녀는 상금과 함께 이곳을 나가 동생에게 가겠다는 꿈을 이루지 못한다. 미식은 체력과 생명의 상징이다.

02 맛있게 먹어라

잘 먹어야 일도 잘한다

○

먹는 것이 곧 문화라는 말이 있다.

확실히 오랜 역사를 가지고 있는 나라들은 훌륭한 식문화를 가지고 있다. 중국, 프랑스를 비롯해서 이탈리아, 스페인을 보라. 영광스러운 역사가 있는 곳에는 먹는 문화도 고도로 발달해 있음을 알게 될 것이다.

건국 2백 년밖에 안 되는 미국이 고작 햄버거 문화밖에 가지지 못하는 것도 그야말로 어쩔 수 없는 일이라고 하겠다.

그리하여 미식을 하라고 권하는 이 장에서는 미식이란 구체적으로 어떤 것인가 하는 이야기를 해보고자 한다.

세계적으로 유명한 프랑스 요리의 기본은 루이 14, 15, 16세 3대 사이에 확립되었다고들 말한다. 기원은 이탈리아 요리였다고 한다. 이것을 당대에 미식가로서 명성이 높았던 세 임금이 현대의 프랑스 요리에 가까운 형태로 개량한 것이다.

'짐(朕)이 곧 국가다'라는 말로 널리 알려진 루이 14세는 1661년에 즉위한 후 재상도 두지 않고 국무를 친정한 유일한 임금이었다. '태양왕'이라는 이름에 어긋나지 않게 무역을 확대해 나갔으며 강력한 육군도 만들어 냈다. 네덜란드와의 전쟁을 필두로 수많은 침략 전쟁을 벌여 국토를 넓혀 나갔다. 그는 이렇게 황제시대 프랑스의 전성기를 이룩해 놓았다.

이렇듯 야심만만하고 정력적인 국왕은 먹는 일에도 무척 열심이었다. 특히 단 것을 좋아했으며 그 때문에 말년에는 이가 하나도 없었다고 한다.

임금님이 미식가였기 때문에 신하들도 이에 지지 않을 정도로 미식가들이 많았다. 그 중의 한 사람인 R이라는 추기경은 종교적인 입장에 있으면서도 '쇠고기로 된 메뉴'라고 하는 22종류의 코스 요리를 구상해 냈는가 하면 후세에 길이 남게 된 마요네즈를 창안해 내기도 했다.

어느 날 루이 14세의 왕비가 "폐하, 당신이 한끼에 먹는 음식의 절반 정도만 제가 먹게 되면 일주일 이내에 죽게 될 것입니다" 하고 말했다. 지나칠 정도로 왕성한 왕의 식욕을 꼬집은 것이다. 그러자 왕은 "잘 먹는 것은 자는 일도 잘하게 한다는 것을 왕비는 잘 모르는 모양이군"하고 대답했다고 한다.

□

죽기 직전에도 맛있게 먹고 즐긴 루이 16세

○

프랑스 최후의 국왕 루이 16세는 미국 독립 전쟁에 개입한 것이 후환이 되어, 마침내 프랑스 혁명을 초래케 했으며 결국에는 단두대의 이슬로 사라졌다. 그의 왕비가 유명한 마리 앙뜨와네뜨인데 둘 다 유명한 미식가였다.

혁명파에 붙잡혀 재판을 받는 신세가 되었으면서도 그의 미식가다운 식욕은 조금도 쇠퇴하지 않는다. 재판이 진행되고 있는 동안에는 주위 사람들이 애를 먹었다.

"짐은 지금 공복이다. 우선은 만족할 만한 식사를 충분히 맛보고 나서 다시 재판을 받도록 하겠다"하고 억지를 부려서 번번이 재판을 중단시켰던 것이다.

본래 식욕이 남달리 왕성하고 미식가였던 그인지라 공복 그대로 재판이 진행되는 것이 고통스러웠던 것이 틀림없다. 이와 동시에 공복이라는 것은 왕으로서 체신을 잃는 것이라고 그는 생각했을 것이다. 그 점이 백성들과 다른 것이다. 왕이 되는 자가 공복 그대로 재판에 임한다는 것은 생각할 수도 없는 일이었던 것이다.

그러한 그였기 때문에 단두대에 오르는 마지막 날에도 미식가로서의 진수를 여지없이 보여 주었다. 소갈비, 닭고기, 계란, 백포도주 두 잔, 빨간 포도주 한 잔을 깨끗이 먹어 치우고는 유유히 처형장으로 끌려갔다고 한다. 상당히 멋있는 사나이라고 하겠다.

잘 먹는 것은 자는 일도 잘하게 한다고 말한 루이 14세나, 왕

△

된 자는 공복이어서는 안 된다고 말한 루이 16세나 우리들에게는 모범이 될 만한 미식가들이라고 하겠다. 오늘날 사회에서는 경영자든 정치가든 간에, 사나운 투쟁심으로 두각을 나타내고 있는 사람들은 예외 없이 잘 먹는다.

먹기 위해서 어떠한 수단이라도 불사하라

○

제2차 대전 중 사람들은 대부분 야위어 있었다. 앞으로 다시 닥쳐올지도 모를 식량 위기에서는 다시 야윈 인간들이 증가하게 될 것이다.

캄보디아 난민들의 이야기를 들은 적 있는가. 악명 높은 폴포트 군이 수도 프놈펜을 장악했을 때, 제일 먼저 손을 쓴 것이 프놈펜의 3백만 인구를 다른 지방으로 몰아내는 일이었다. 그야말로 하룻밤 사이에 프놈펜에서 3백만이나 되는 사람들이 사라져 버린 것이다. 그리하여 그곳에는 보안 요원 5만 명만이 남게 되었다.

어째서 이렇게 철저한 조치를 취하지 않으면 안 되었을까? 한마디로 말해서 프놈펜의 인구를 먹여 살릴 만한 식량을 전혀 보급할 수가 없었기 때문이다. 이렇게 해서 수도를 쫓겨난 캄보디아 난민의 비극적인 생활이 시작된 것이다.

월남 전쟁 당시 7백만 명이었던 캄보디아의 인구는 반혁명 분자의 처형, 아사(餓死), 난민화, 국외 유출 등으로 당시 2백만 명으로 격감되었다. 식량만 충분히 있었다면 히틀러나 스탈린 이래 없었던 이 참담한 대량 학살도 일어나지 않았을 텐데….

먹는 것의 중요성, 다시 말해서 자신의 생존을 위해서라면 어떠한 수단도 불사해야 한다는 것은 과거의 역사가 되풀이해서 가르쳐 주고 있는 일이다. 그것은 앞으로도 반드시 그러할 것이다.

미식을 할 수 있는 강자가 되라

○

〈워싱턴 포스트〉의 여성 실력자로 알려져 있는 캐서린 그래이엄 여사는 1980년도의 메릴랜드 대학 졸업식에 초대되어 한마디하게 된다. 이때 그녀는 식량 자원의 위기적 상황에 대하여 다음과 같이 경고했다.

"8억 명이나 되는 인간이 굶주리고 있는 세계는 그가 누구이든 간에 안전하다고 할 수 없다."

조만간에 식량 위기는 반드시 도래할 것이다.

국민의 태반이 굶주림에 시달리고 있을 때, 당신은 잔뜩 맛있는 것을 먹을 수 있을까? 실로 그와 같은 질문이야말로 이 책 전체를 꿰뚫고 있는 테마인지도 모른다.

미식이란 인류가 평등하게 나누어 받을 식량을 빼앗는 일이며, 돈이 드는 행동인 동시에 문화이며, 투쟁을 위한 활력소다.

〈오징어게임〉에서도 최후의 만찬을 즐긴 생존자 세 명의 식탁엔 나이프 하나만이 남아 있다. 미식은 삶의 기쁨인 동시에 임전(臨戰)의 요건인 것이다.

그렇기에 '미식을 하라'고 역설하는 것이다. 바꾸어 말해 어떠한 시대가 도래하더라도 계속 미식을 할 수 있는 강자의 위치에 있어야 한다는 이야기다.

영웅호걸로 칭해지는 여러 인물의 배후를 조사해 보면, 그들은 한결같이 색과 욕심에 대한 집념이 남달리 강했던 사람들이라는 것을 알 수가 있다. 육체적 욕망이 도달하는 곳이 섹스라면 물질적 욕망의 최종적인 발로는 식(食)에 있다. 그러므로 미식이야말로 강자의 상징이라고 할 수 있다.

끝으로 프랑스 비즈니스맨들이 자주 외워 대는 그들 나라의 격언을 하나 소개해 본다.

"미식가요, 식욕이 왕성한 자 이외에는 결코 상거래를 하지 말지어다."

□

마키아벨리즘의
오징어게임

초판 1쇄 인쇄 · 2021년 10월 28일
초판 1쇄 발행 · 2021년 11월 5일

지은이 · 빅토 비안코
옮긴이 · 김진욱
펴낸이 · 이종문(李從聞)
펴낸곳 · (주)국일미디어

등 록 · 제406-2005-000025호
주 소 · 경기도 파주시 광인사길 121 파주출판문화정보산업단지(문발동)
영업부 · Tel 031)955-6050 | Fax 031)955-6051
편집부 · Tel 031)955-6070 | Fax 031)955-6071

평생전화번호 · 0502-237-9101~3

홈페이지 · www.ekugil.com
블 로 그 · blog.naver.com/kugilmedia
페이스북 · www.facebook.com/kugilmedia
E-mail · kugil@ekugil.com

· 값은 표지 뒷면에 표기되어 있습니다.
· 잘못된 책은 구입하신 서점에서 바꿔드립니다.

ISBN 978-89-7425-000-3 (03190)